JN088150

外資系コンサルから学ぶ

ロジカルシンキングと問題解決の実践講座

The Practice Course of Logical Thinking & Problem Solving

吉澤準特 Yoshizawa Juntoku

はじめに

「ロジカルシンキングを知ってますか？」

この質問にあなたはどう答えるでしょうか。

「言葉は聞いたことがある」
「なんとなく知ってるけど詳しくはない」

そう答える人はかなり多いのではないかと思います。自分の中でなんとなくイメージがある、いくつかやり方を見聞きしている、でもそれを仕事に活かせていると明言できるほどの自信はない、というレベルです。

そういう人にはこの本はとても役に立ちます。私がこの本に込めた願いは「あなたがロジカルシンキングを実践で活かせるようになること」です。そうなるために最も大事なことを書きました。

「もちろん知ってます、いつも使ってます」

すぐにそう答えた人にもこの本はとても役立ちます。それは自己実践という意味ではありません。あなたの周りの人がロジカルシンキングを実践で活かせるようになるために、あなたがサポートできることをこの本に書いています。

ロジカルシンキングは、一人だけで実践しても効果は限定的ですが、チーム全体で実践できるなら、**複雑で手間のかかることでも素早く解決できる**ようになります。

この本は**ロジカルシンキングで「整理」すること、ロジカルシンキングで「問題解決」することだけに焦点を絞りました。**

企画当初、この本は「ロジカルシンキングを鍛える」ことをテーマにしていました。しかし、ロジカルシンキングを鍛えて何をするかと考えたとき、ただ２つのことが頭に浮かびました。

１つめは、**筋道を立てて情報をわかりやすく「整理」**することです。たとえば、複雑な情報を分析して示唆を取り出すこと。コンサルタントが日々やっているこの仕事は、集めた情報をうまく整理できなければいけません。自分の考えをまとめたり、それを誰かに説明したりするにも、情報を整理する力が必要です。

２つめは、**困っている状況を「問題解決」**することです。仕事上で困っていることが見つかったら、どうやって解決するか考えて、状況を改善する。これもコンサルタントが日々やっている仕事です。問題を発見し、解決すべき課題を特定したら、それを解消する施策を立案して実施する。ここまでをワンセットで取り組むには、問題解決する力が必要です。

この２つの観点に絞って知識の理解とケーススタディの実践に取り組むのが、**最小で最大の効果を生むロジカルシンキングの勉強方法**です。

今までロジカルシンキングの本を手に取っても身に付かなかった人、今よりさらにロジカルシンキングを使いこなしたい人にとって、この本があなたを成功に導く武器になると確信しています。

吉澤 準特

本書の読み方

この本は２軸思考にもとづく５章構成です。

ロジカルシンキングはモノゴトを論理的に整理するやり方です。手段であって目的ではありませんから、何のためにロジカルシンキングを使うのか、よく考えて用いる必要があります。

本書では、ロジカルシンキングの目的をまず２つ想定しました。

1つは「整理する」こと。雑多に並んだ情報を整理することで、そこから意味のある示唆を取り出すことができます。これらは、基本の解説と応用的な練習問題を1章と2章に書きました。

もう1つは「問題解決する」こと。問題を分析して課題を取り出し、その課題を解決するための施策を立案することで、問題を解決するための筋道を示すことができます。これらは、基本の解説と応用的な練習問題を3章と4章に書いています。

この2つがロジカルシンキングを必要とする場面の多くを占めます。これに加えて、日常的な仕事の中で役立つ活用方法を「仕事の最適化」として5章に書きました。

ロジカルシンキングに興味がある、これから身につけたい、取りこぼしなくスキルアップしたいという人なら、1章から順番に読み進めてください。ロジカルシンキングの基本テクニックを身につけながら、実践で活用するやり方を自然にイメージできるようになります。

ロジカルシンキングにある程度の自信がある、部下やメンバーを指導しているという人なら、2章と4章のケーススタディを中心に思考のプロセスをなぞっていくことで、自分の理解や教え方を客観視できるようになります。

とりあえず明日から役立つテクニックを身につけたいという人なら、5章に書かれたことをマネしてみることで、コミュニケーションがうまくなったり、整合性のとれた計画をつくりやすくなります。

あなたの目的に応じて、本書の読み方を工夫してみてください。

CONTENTS

第2部 ロジカルシンキングで「問題解決」をする

3章 フレームワーク：問題解決

4章 ケーススタディ：問題解決

第3部 ロジカルシンキングで「仕事の最適化」をする

5章 ワークハック：仕事の最適化

図一覧

1部

2部

3部

ビジネスで使えるロジカルシンキング図解

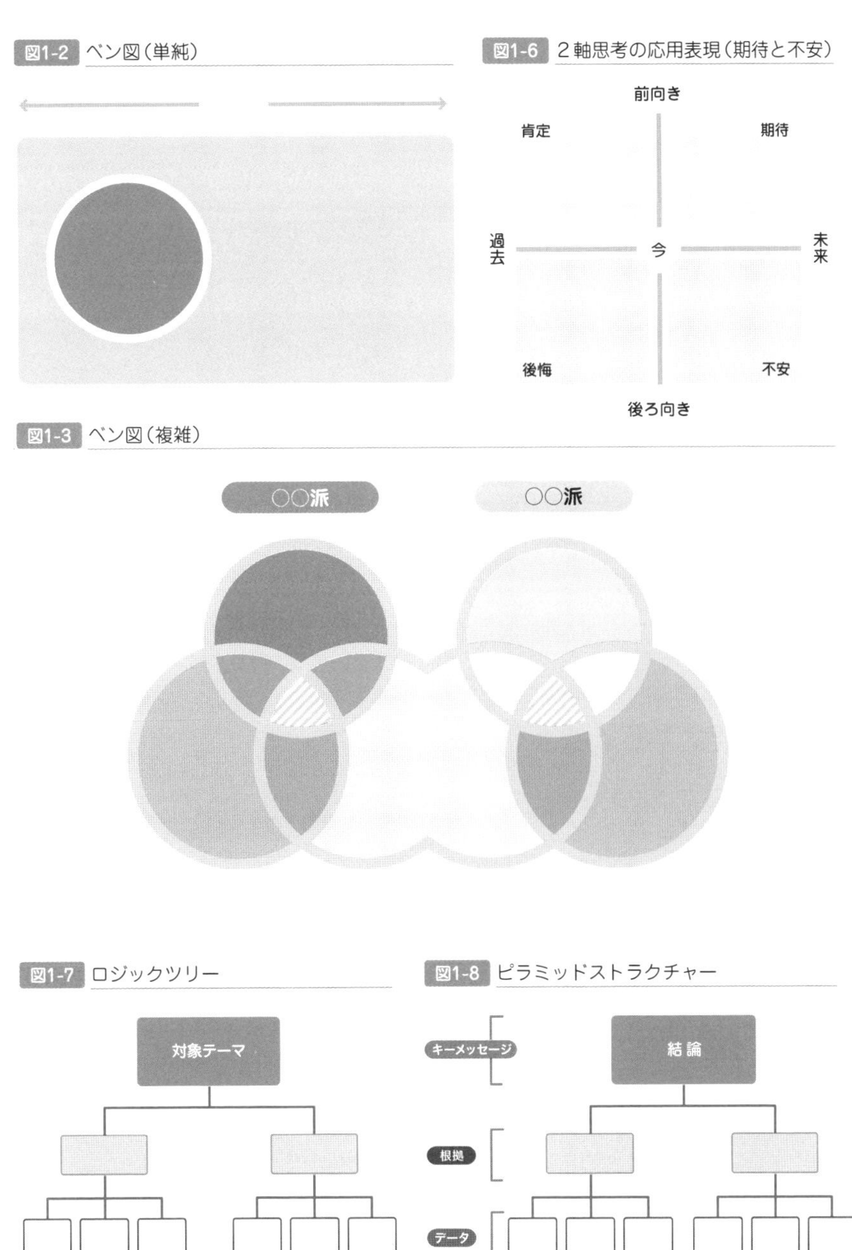

図3-18 問題分析フロー：課題抽出

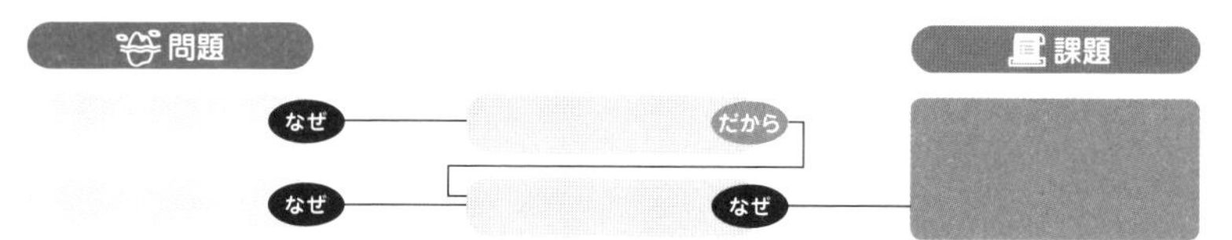

図3-5 問題分析マンダラートの位置づけ

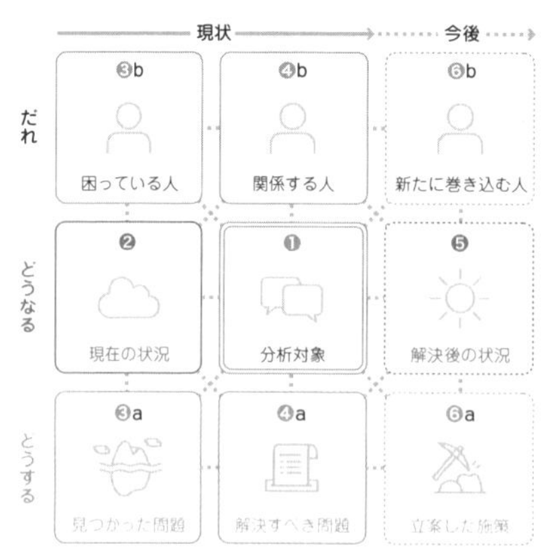

図3-28 優先度マトリクス

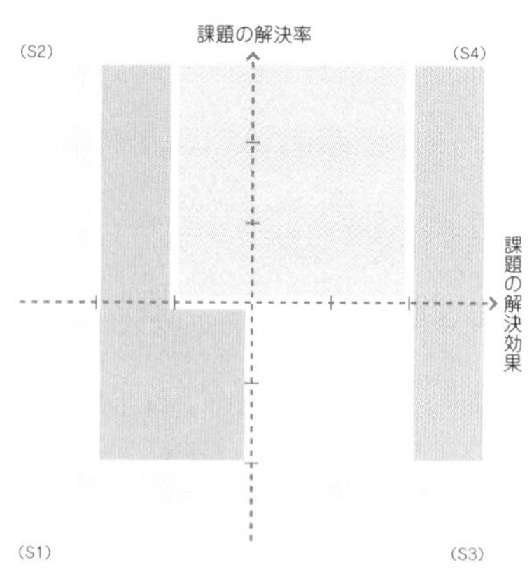

図3-31 ロードマップの位置づけ

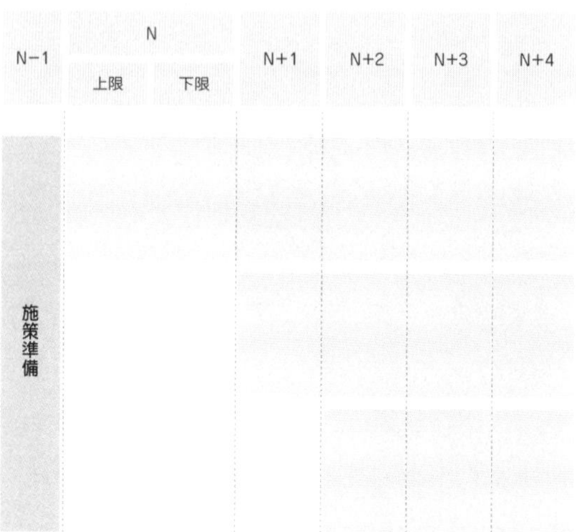

第1部

ロジカルシンキングで「整理」をする

1章 フレームワーク：整理

2章 ケーススタディ：整理

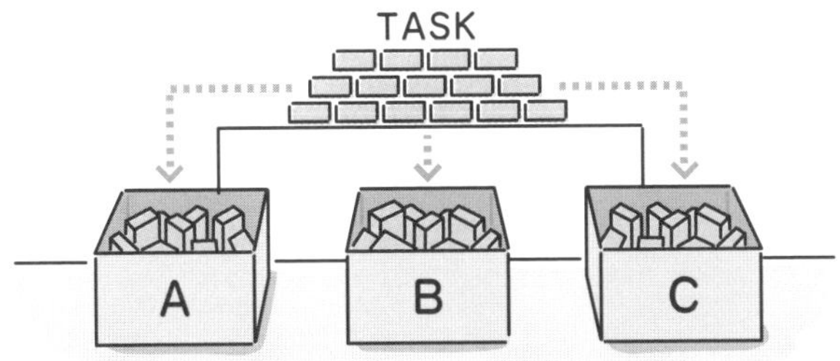

フレームワーク：整理

何を目的にしてロジカルシンキングを用いるか

	フレームワーク（基本）	ケーススタディ（応用）
整理する	1章	2章
問題を解決する	3章	4章

5章

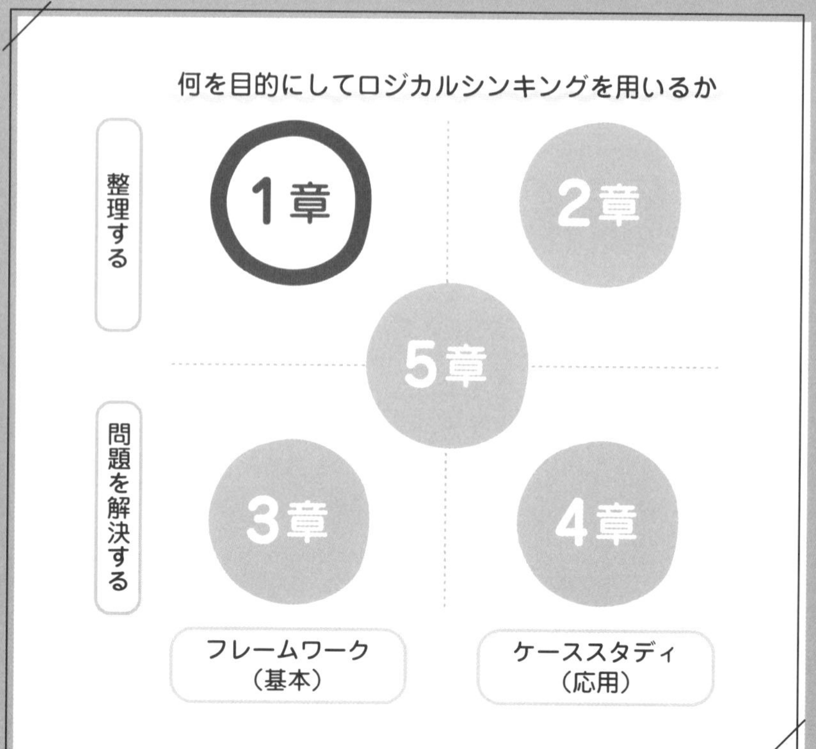

１章では、ロジカルシンキングを実践的に用いるために必須のツールを解説します。現状を可視化し、論点を整理する手段を身につけましょう。

第1部

1-01 MECE／ベン図

モレなくダブりない関係：MECE

MECE（ミーシー）とは、**Mutually Exclusive and Collectively Exhaustiveの略称であり、ダブりがなく（Mutually Exclusive）、モレがない（Collectively Exhaustive）ように整理する考え方**です。MECEはモレとダブりの有無を４象限で整理すると、それぞれの要素を理解しやすくなります（図1-1）。

たとえば、ある会社の従業員を20～60代に分類したとしましょう。きれいに整理できそうですが、定年制のない役員や嘱託職員は70代である可能性もあり、モレが生じます。

旅行経験者を国内旅行と海外旅行に分類する場合はどうでしょうか。この分類では、国内と海外の両方に旅行したことがある人は分類がダブって（重複して）しまいます。

SNS利用者をサービスごとに分類する場合では、選択肢にないサービスの利用者がモレますし、複数サービスの利用者は分類がダブります。

最もシンプルにモレなくダブりない（MECE）関係を示すなら、メガネの利用有無のように、要素の有/無で分ける方法が有効です。対象をMECEに分類できると、どこにも行き場のない要素や複数の分類にあてはまる要素がなくなり、データを分析しやすくなります。

図 1-1　MECE（モレなくダブりない関係）

（相互に排他的）
ダブりがない
ダブりがある

モレがない
（全体が網羅的）

モレがある

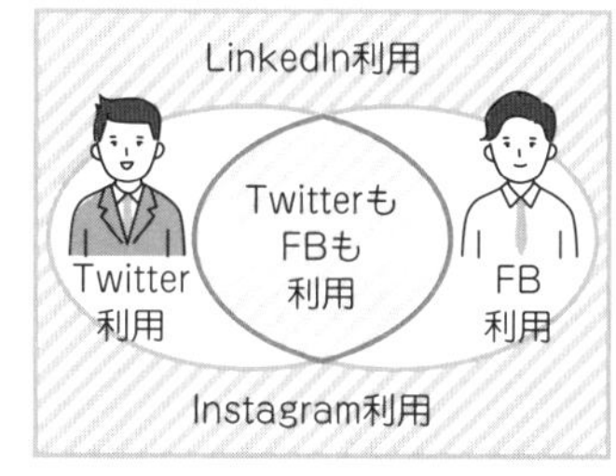

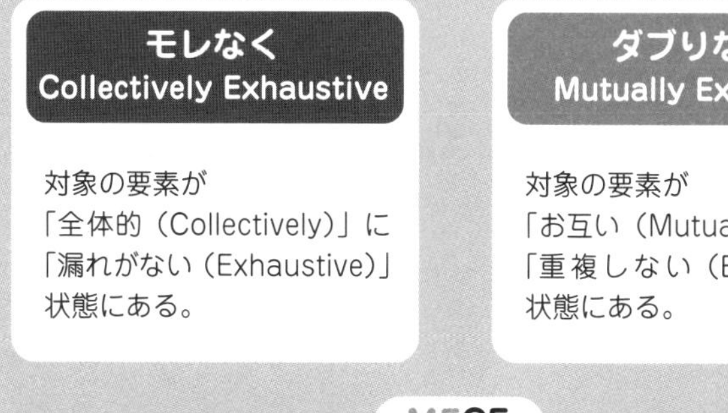

分類の見える化：ベン図

ベン図とは、**複数の集合を関係やその範囲を目で見て分かるように図解したもの**です。イギリスの数学者である**ジョン・ベン**※が考案しました。

単純なベン図は、要素の関係がMECEになるように整理されています。たとえば、現代ホスト界の帝王と呼ばれるROLAND氏の有名な言葉にある「俺か、俺以外か」をベン図で示すと、MECEに整理された単純なベン図になります（図1-2）。

※ジョン・ベンは、イギリスの論理学者・哲学者で、19世紀に活躍しました。彼は「ベン図」という、集合や論理関係を図解する有名なフレームワークを考案し、情報の見える化に革命をもたらしました。

図1-2 ベン図（単純）

ベン図は複雑な要素の関係性を表すこともできます。例として、コメとパンについて、ケチャップ/タマゴ/マヨネーズと組み合わせた料理をベン図で示してみました（図1-3）。

コメとケチャップを組み合わせるとチキンライスができます。さらにタマゴを加えるとオムライスになります。コメとタマゴだけならタマゴかけごはん、ケチャップとタマゴならオムレツができます。

一方、パンはタマゴを溶いて一緒に焼くとフレンチトースト、パン/ゆでタマゴ/マヨネーズの組み合わせならタマゴサンドができます。パンとマヨネーズだけならピザトースト、タマゴとマヨネーズだけならタマゴサラダがつくれます。

これらの組み合わせと料理名をベン図なら一目で示すことができます。

図1-3　ベン図（複雑）

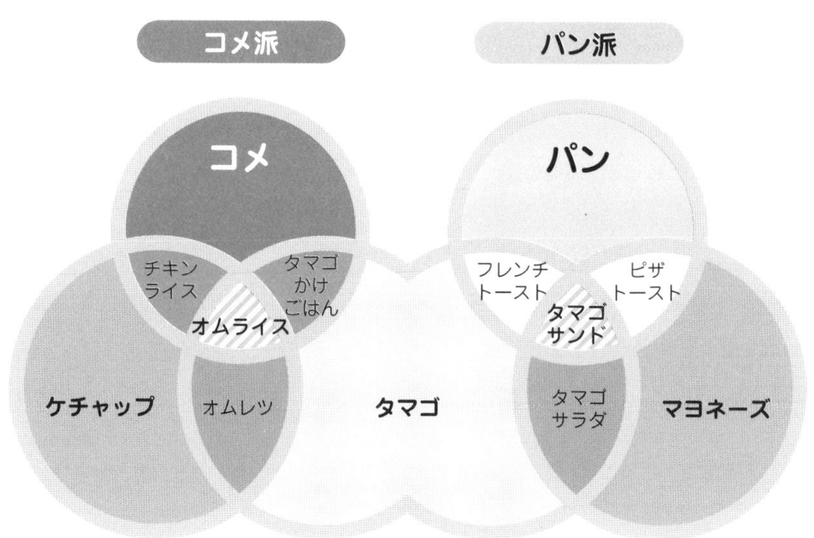

第1部

1-02 2軸思考

シンプルな分類：２軸思考

２軸思考とは、**対象を最もシンプルに分類するツール**です。対象を分類できる観点を列挙し、その中から最も重要な２つを取り出して４象限図をつくります。線をタテヨコに引いて軸で整理すると、対象をグループ化し、複雑な状況をシンプルにできます（図1-4）。

「メリット⇔デメリット」や「新規⇔既存」のように**逆の意味を持つ観点は対立する単一軸と捉えます**。たとえば、行政サービスを「ソフト⇔ハード」と「シニア⇔ジュニア」の組み合わせで考える、ゲーム人口を「ライト⇔コア」と「革新的 ⇔ 保守的」で捉える、ということができます。

他方で、「費用×効果」や「需要×供給」のように対象の網羅性と排他性を備える観点はMECE軸と捉え、それらの各軸は両端を大小・有無で表します。

論理的に対象を整理することがうまい人は、軸の選び方に秀でています。たとえば、腕時計の市場を「高い⇔安い」と「女性向け⇔男性向け」に分類しても大した気づきは得られませんが、「クラシック⇔モダン」と「ドレッシー⇔スポーティ」で分類すると、ブランド戦略を意識することができます。

図 1-4　２軸思考

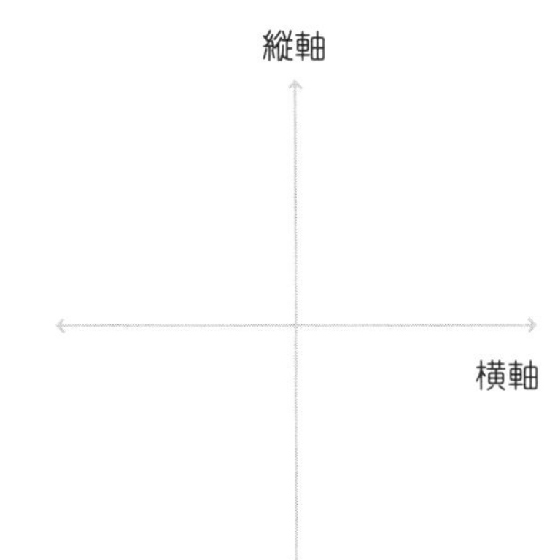

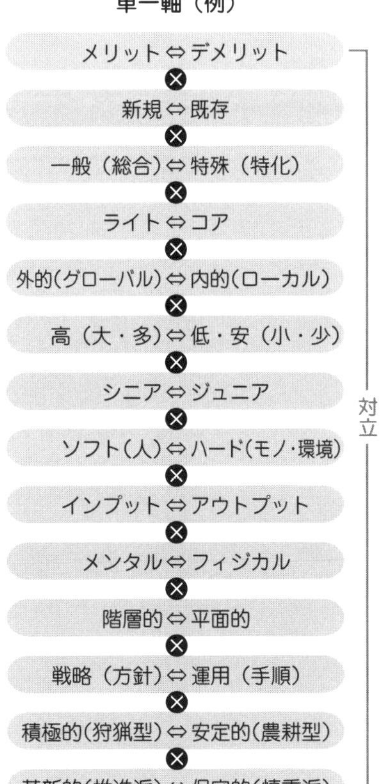

MECE（例）

大小

費用	×	効果
需要	×	供給
実効性（影響）	×	実行性
質	×	量
機能性	×	デザイン性
市場成長率	×	市場占有率
定型性	×	複雑性
頻度	×	インパクト

仮説にもとづく定量的な整理

思いつきで軸を決めてもうまく整理することはできません。何のために整理するのか、**何を知るために整理するのか定義し、それに最も適した観点の組み合わせを推測**しましょう。これを**仮説**といいます。

仮説を立てると、それを根拠に一貫性ある分析ができるようになります。仮説が誤っていれば答えは得られませんが、そのときはまた別の仮説を立てて分析を続けます。最初の仮説が間違っていても気にする必要はありません。思いもよらない示唆が得られることもあるので、気になった軸の組み合わせは時間の許す限り試してみましょう（図1-5）。

図 1-5 仮説による軸の設定

ビール市場を活性化させるために今までになかったビールを生み出したい

→

定番の「キレ味⇔コク」で整理すれば方向性が見えないか？

キレ味
×
コク

→

モニター調査をしたところ、アルコール度の濃淡で差別化できそうだと判明した

キレ味⇔コク
×
アルコール度数

軸の観点は、要素の有無（二元性）を識別できるか、にあります。できれば定量的に測定できる（数字で測定できる）と、要素の順序・優劣をつけやすくなります。

さらに、軸の両端までの距離に意味を持たせると、２軸思考はさらに深みを増します。

たとえば、時間の向きと経過量で考えてみます。「過去⇔未来」を横軸にとった場合、左端を過去、右端を未来とすれば、真ん中が「今」にあたり、時間が進むほど右側へ要素が移動するものと捉えられます。

縦軸を心理的な「前向き⇔後ろ向き」とすれば、先の未来を考えるほど増幅される不安に対して、将来への期待に転じさせるためのアプローチを示すこともできます（図1-6）。

図1-6　2軸思考の応用表現（期待と不安）

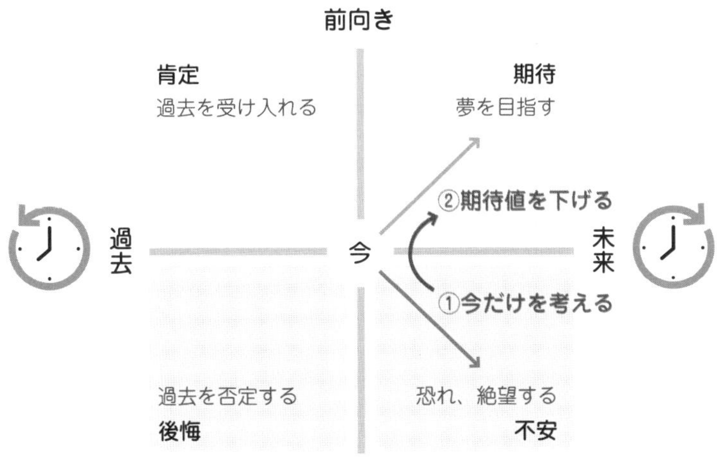

第1部

1-03 ロジックツリー／ピラミッドストラクチャー

要素分解：ロジックツリー

ロジックツリーとは、**主要課題の原因や解決策を要素に分解して整理する手法**であり、**原因の深堀りや解決策を具体化する**のに役立ちます。効果的なロジックツリーは「深さ」と「広がり」が揃っています（図1-7）。

要素分解の「深さ」を適度にするには、要素を段階的に掘り下げます。たとえば、日本の地域別に整理するなら、「国」→「都道府県」→「市区町村」の順に掘り下げることができます。都道府県より少ない数でまとめたいなら「地方区分」（関東/中部/近畿など）で整理します。

他にも、渋滞の原因であれば、「渋滞の種類」→「渋滞を起こす現象」→「その現象が起きる理由」というように掘り下げます。

要素分解の「広がり」をモレなくカバーするには、MECE（図1-1参照）の考え方でロジックツリーの幅を論理的に細分化します。たとえば、都道府県なら47個に、地方区分なら7個に分けるとMECEになります。渋滞の原因であれば、「自然渋滞」・「事故渋滞」・「工事渋滞」の3つに分けることができます。

図 1-7 ロジックツリー

問題
解決！

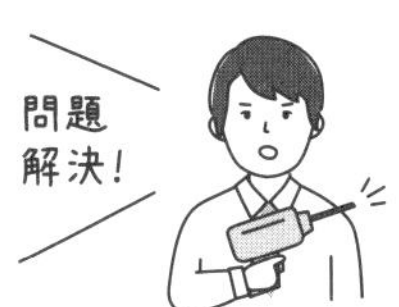

ロジックツリーは、対象テーマを要素分解し、各要素の関係性を掘り下げて網羅的に可視化する。

➡ 問題発見、解決策の立案向き

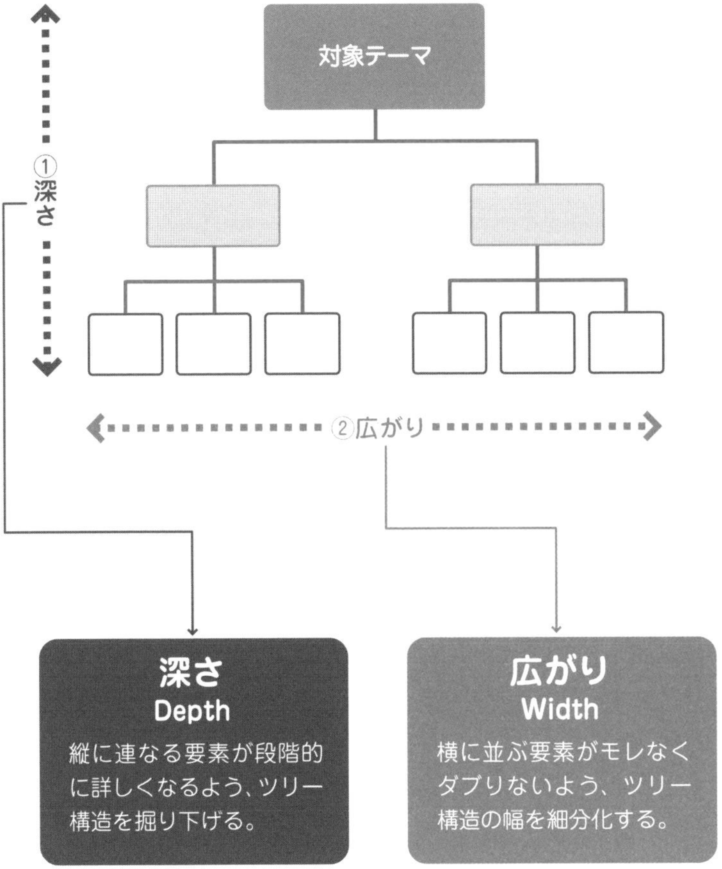
対象テーマ
①深さ
②広がり
深さ
Depth
縦に連なる要素が段階的に詳しくなるよう、ツリー構造を掘り下げる。
広がり
Width
横に並ぶ要素がモレなくダブりないよう、ツリー構造の幅を細分化する。

整合性確認：ピラミッドストラクチャー

ピラミッドストラクチャーとは、**データを積み上げて根拠を示し、それらにもとづくキーメッセージを導き出す**ためのフレームワークです。論理的に整合性が取れているピラミッドストラクチャーは、キーメッセージから下に向かって「なぜ？」を、データから上に向かって「だから？」を繰り返しても違和感が生じません（図1-8）。

整合性確認の「なぜ？」と「だから？」で違和感がないようにするには、キーメッセージの説明を「根拠」、根拠の説明を「データ」の階層で示します。このようにすると、ロジックを階層構造で示すことができます。

例として、次のようにキーメッセージ/根拠/データを連ねました。

キーメッセージ

「受験勉強は教科書を読むことから始めてはいけない」

根拠

「教科書を読み終わった時点で、最初に学んだ内容はうろ覚え」

データ

「教科書の１章を読み終えて過去問を解いたが、たくさん間違えた」

上記は、ある要素に対して「なぜなら」と続けると、下の要素にその続きが示される構造になっています。同様に、ある要素に対して「だから」と続けると、上の要素にその続きが示される構造にもなっています。

図1-8 ピラミッドストラクチャー

ピラミッドストラクチャーは、結論を支える根拠とそのデータを組み立て、理論の整合性を可視化する。

➡ 報告、プレゼン向き

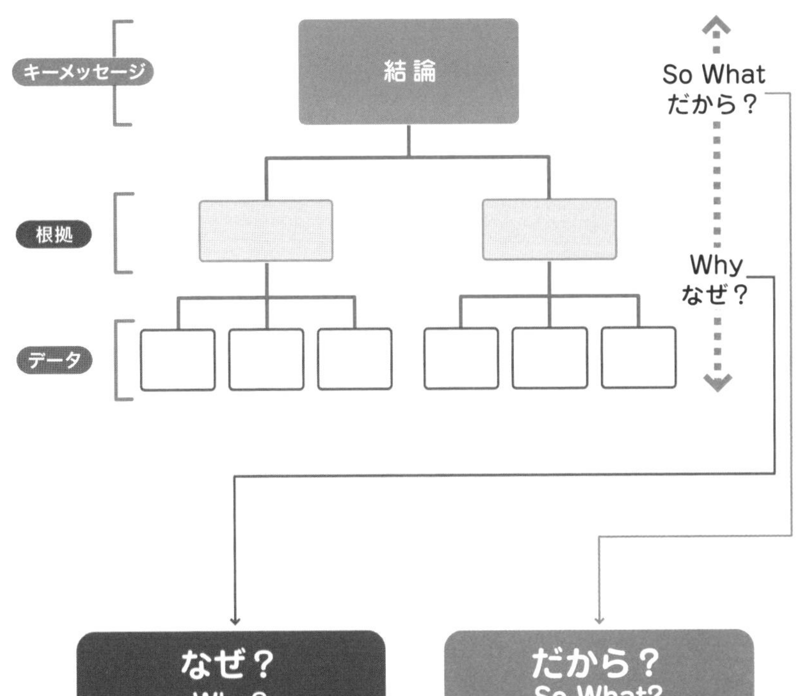

なぜ？
Why?

上の要素に対して下の要素が「なぜなら…」と理由になるようにツリー構造を構成する。

だから？
So What?

下の要素に対して上の要素が「だから…」と結論になるようにツリー構造を構成する。

2つのツリー構造の比較

「じゃんけん」をテーマにロジックツリーの例を示します（図1-9）。

じゃんけんには「グー」「チョキ」「パー」の３種類しか手が存在しません。それぞれの手は、他の２つの手に対して勝ちか負けのいずれかの結果になります。この特徴をロジックツリーで示すと、１階層はゲームの種類、２階層はじゃんけんで使える手、３層目は各手の特徴になります。

ピラミッドストラクチャーと比べると、**各階層の関係はシンプルで、要素はモノ（名詞的な要素）でもコト（名詞的な要素以外）でも扱えるのがロジックツリー**です。複雑な情報を分かりやすい内容で示せるよう、予想を小分けにします。

図1-9 ロジックツリーの例

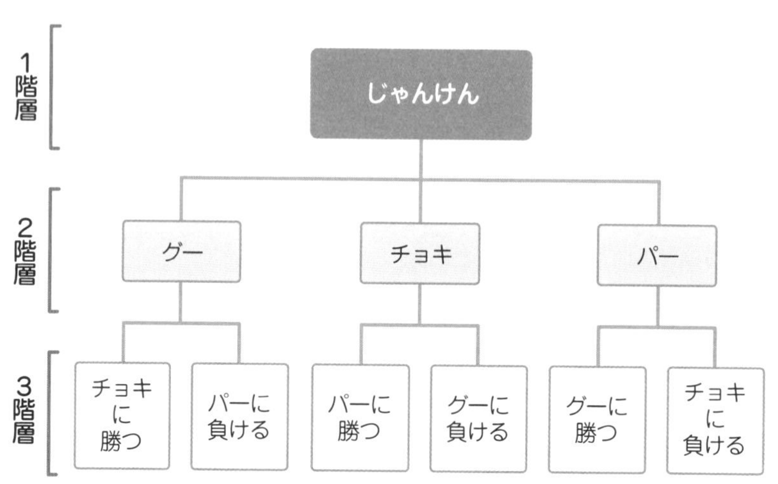

ピラミッドストラクチャーの例は、「問いに対する結論」という形で１階層を示すと、その下の階層を整理しやすくなります。

新サービスをクラウド上で構築すべきかという問いに、「クラウド上で構築する」という結論をキーメッセージとして示し、その説得力を強めるためのロジックをつくりたいとします（図1-10）。

このとき、根拠にはクラウド上で構築するメリットを示し、データにはメリットを裏付ける情報を列挙します。そうすると、上から下にロジックをたどれば「なぜなら」、下から上にロジックをたどれば「だから」とつながる内容に整えることができます。

ロジックツリーと違い、モノは扱いません。**コトの整合性を確認するために使うのがピラミッドストラクチャー**です。

第1部「整理」をする
第2部「問題解決」をする
第3部「仕事の最適化」をする

図1-10 ピラミッドストラクチャーの例

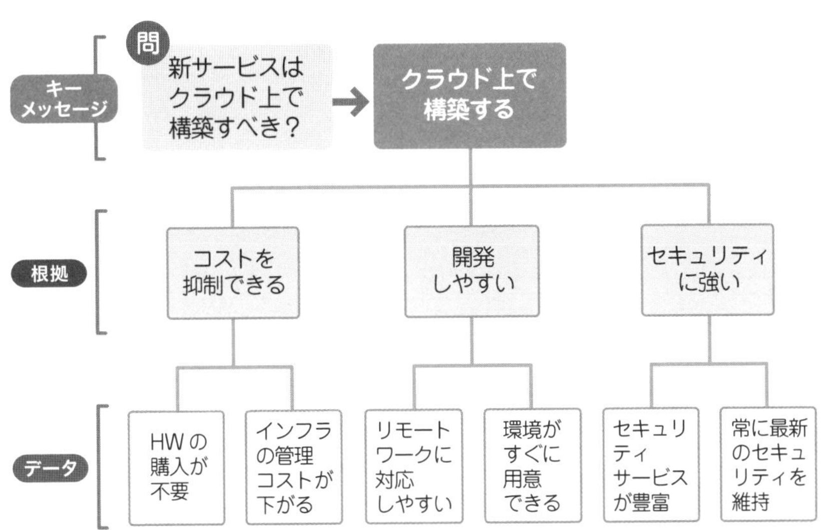

第1部

1-04 フェルミ推定

規模の推測：フェルミ推定

フェルミ推定とは、**よく分かっていない対象の規模を推測するときに用いる思考技術です。**

企業の採用選考過程で用いられることも多く、「日本中のマンホールの数はいくつか？」など、数字を推測する力を評価する際に活躍します。所有/存在/需要/供給の４パターンに分類でき、それぞれ答えを導き出すアプローチ（式）が異なります（図1-11）。

対象の置かれている状況次第で、適用できるフェルミ推定のパターンが変わる場合もあります。

たとえば、ある観光地における飲食店の売上を推測するとしましょう。観光地の繁忙期であれば、常に客足が盛況な状況を前提として、「供給ベース」で考えることができます。一方で、閑散期であれば、常に空席が存在することを前提として、「需要ベース」で考えるのが適切です。

「飲食店の話だから需要ベースで考えよう」と画一的に考えるのではなく、前提に着目し、４パターンのどれが最も適切であるかを考えて選択しましょう。また、一度作成したパターンも、前提に変化が生じる度に式の値を変えたり項目を増やし、常に適切な形を考え続けましょう。

図 1-11 フェルミ推定の４パターン

所有ベース
長期利用の消費財に適する

市場規模

➡ テレビ・スマホ・自動車

存在ベース
長期設置の設備・備品に適する

市場規模

➡ ポスト・ゴミ捨て場・電柱

需要ベース
日常的な消費財に適する

市場規模

➡ 牛乳・おにぎり・ティッシュ

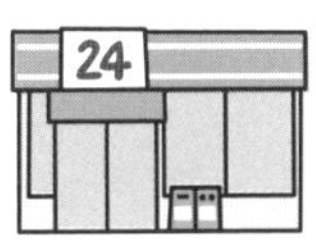

供給ベース
店舗型サービスに適する

売上

➡ コンビニ・カフェ・水族館

長期利用の消費財向け：所有ベース

所有ベースとは、**ある程度の期間ごとに定期的な買い替えがあり得るモノ（耐久消費財など）を扱います。**買い替えの頻度は耐久年数・陳腐化といった視点で考えます。テレビ・スマホ・自動車・パソコンなどは市場規模の議論をしやすいでしょう。

所有ベースのフェルミ推定は市場規模の算出に向いています。母数に対して、平均所有率と一人当たりの複数台所有数の平均、それに単価を掛け合わせ、どれくらいで買い替えが発生するか考えます。

たとえば、スマートフォンの国内市場が年間でどれほどの売上規模になるか、フェルミ推定で概算してみたら、1.8兆円という数字になりました（図1-12）。

実際のデータとして、総務省の発表（2022年6月）によると、2020年度と2021年度は以下の通りです。かなり近い数字がフェルミ推定で算出できました。

	2020年度	2021年度
売上台数	2,980万台	3,086万台
売上金額	1.79兆円	2.03兆円

金額を算出する必要がなければ、「単価」の要素を式から省きます。平均所有率は、算出式を個別に示すとさらに論理分解しやすくなります。

参考：https://www.soumu.go.jp/main_content/000821336.pdf

図1-12 フェルミ推定：所有ベースの例

長期設置の設備・備品向け：存在ベース

存在ベースとは、**一度設置したら利用できる限りは利用し続ける設備や備品を扱います**。耐用年数は法的な視点と物理的な視点のうちで使いやすい方を用います。ポスト・電柱・ゴミ捨て場・噴水・信号などは市場規模の議論をしやすいでしょう。

存在ベースのフェルミ推定は市場規模の算出に向いています。母数に対して、平均設置率と一か所当たりの設置数の平均、それに単価を掛け合わせ、耐用年数（何年で置き換えるか）を考えます。

たとえば、国内のゴミ焼却場について年間で発生する建設費がどれほどになるか、フェルミ推定で概算してみたら、5,600億円という数字になりました（図1-13）。

この例では過去のニュースから単価を推測し、耐用年数は住宅ローンの考え方を流用しました。高額施設ですから、大規模な予算を持つ自治体の単位で考える必要もあります。焼却炉が故障して使えなくなると大変ですから、複数基を持っていそうだと想像できます。分からない点は、自分の知識から一番近い情報をとりあえずあてはめましょう。

実際のデータとして、総務省の発表（2016年3月）では2013年時点で、延命化した焼却場の耐用年数は35年程度、焼却場は1,172施設2,053炉です。当時の市数（特別区を含む）は812でした。この例では、母数を800、平均設置率を140%とすれば、近似した規模になったでしょう。

参考：https://www.soumu.go.jp/main_content/000401729.pdf

図 1-13 フェルミ推定：存在ベースの例

ゴミ焼却場
の年間建設費用

市場規模（年）	**5,600 億円**	

母数	611 地域	市レベルがゴミ焼却場を有すると仮定する。東京都には23区と3つの市がある。全国平均の倍の規模と仮定し、47都道府県は平均13の市を持つとして、市数を611と仮定する。

設置率	100 %	市の大半は1つ、大都市圏は2つ以上、過疎地域は2地域で1つのゴミ焼却場を有するとし、過密・過疎地域の数を加味し、平均設置率を100%と仮定する。

一か所の設置数	2 基	ゴミ焼却場には焼却炉を持つ。小規模なら１基、大規模なら３基として、１か所当たりの平均設置炉数を2基と仮定する。

単価	160 億円	以前のニュースで焼却炉2基のゴミ焼却場が320億円と報道された。基数に比例するものとし、建設費用を160億円/基と仮定する。

耐用年数	35 年	住宅ローンは35年が一般的なので、ゴミ焼却場にも一旦その前提をあてはめてみる。

日常的な消費財向け：需要ベース

需要ベースとは、**頻繁に購入されるモノ（一般的な消費財）を扱います。**1日あたり、1週間当たりの消費量から年間量を推測するよう要素の解像度をあげることも多いです。牛乳・おにぎり・トイレットペーパー・シャンプーなどは市場規模の議論をしやすいでしょう。

需要ベースのフェルミ推定は市場規模の算出に向いています。母数に対して、購入率と期間当たりの購入数、それに単価を掛け合わせます。

たとえば、粉末プロテインの国内市場規模をフェルミ推定で概算してみたら、1,020億円という数字になりました（図1-14）。

この例では、わざわざ粉末プロテインを購入するのはフィットネスに一定以上の関心がある層だと考えています。活動実態の中心は60代以下の成人の1割と捉え、毎年平均100万人が生まれたとすれば、400万人を母数として想定できます。粉末プロテインはフィットネス利用者の半分が購入し、1日3回で接種する熱心なコア層が20%、1日1回以下で摂取するライト層が80%を占めていると考えれば、一人当たり1日1.4回（1年510回）摂取していると見なせます。コンビニで見かけたプロテイン飲料が1個120円であることを思い出し、少し割安な100円/回と仮定しました。

実際のデータとして、経済産業省の発表（2022年9月）では2021年のフィットネスクラブ会員数は258万人であり、リサーチ会社の富士経済社は2021年の粉末プロテイン市場を930億円と見込んでいます。単価はザバスが1回40グラム当たり280円です。継続的に購入する率を25%とすれば、近似した規模になったでしょう。

参考：https://www.meti.go.jp/statistics/tyo/tokusabido/result/pdf/hv202209kj.pdf

図 1-14 フェルミ推定：需要ベースの例

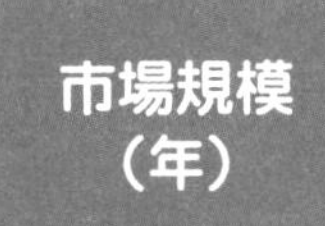

1,020
億円

粉末プロテイン
の年間販売額

母数

400
万人

粉末プロテインはフィットネスクラブに通う人が使用者の多くを占めるものとする。20歳代から50歳代まで4,000万人、そのうちフィットネスクラブの利用者を1割の400万人と仮定する。

購入率

50
%

フィットネスクラブ利用者の中で、全体の50%が定期的に購入すると仮定する。

購入数
（期間当たり）

510
回

購入者のうち1日3回摂取のコア層を20%、1日1回のライト層を80%として、一人当たり平均1.4回/日、510回/年を摂取していると仮定する。

単価

100
円

コンビニでプロテイン飲料が1個120円で売られていた。粉末は少し割安として、1回100円のコストと仮定する。

店舗型サービス向け：供給ベース

供給ベースとは、**店舗・拠点を扱います。**収容人数は座席数や拠点面積、稼働率は平均的な利用状況、時間当たりの回転率は人が入れ替わる頻度として考えます。コンビニ・歯医者・カフェ・水族館・映画館などは市場規模の議論をしやすいでしょう。

供給ベースのフェルミ推定は売上の算出に向いています。店舗や会場の利用可能人数に対して、稼働率と時間当たり回転率、利用者の単価、営業時間と営業日数を掛け合わせます。

たとえば、コメダ珈琲店の週末２日間の売上をフェルミ推定で概算してみたら、84万円という数字になりました（図1-15)。

この例では、住宅に囲まれている中型のコメダ珈琲店を対象とし、平均して常に席が埋まっている状態が続いているものとしています。しかし、４人掛けのテーブル席の２名で利用する客が少なくないこと、開店直後と閉店近くは客が減ることを勘案し、稼働率（席の埋まり具合）は50%と設定します。くつろげる座席に長居する客も多いため、入店から会計まで1.5時間要するとします。モーニング時間帯とそれ以外で客の注文が分かれると考え、営業時間が朝７時～22時の各時間帯で客単価を計算し、平均的な客単価を1,000円にしました。週末は土日の２日間です。

実際のデータとして、コメダ珈琲店はピークの振れ幅が小さいと述べています。また、直営店の売上は2021年で32店舗39億円とあり、１店舗の１日平均は33万円です。週末が平均の1.25倍ほど売り上げているなら、近似した規模といえるでしょう。

参考：https://ssl4.eir-parts.net/doc/3543/yuho_pdf/S100O4NS/00.pdf

図 1-15　フェルミ推定：供給ベースの例

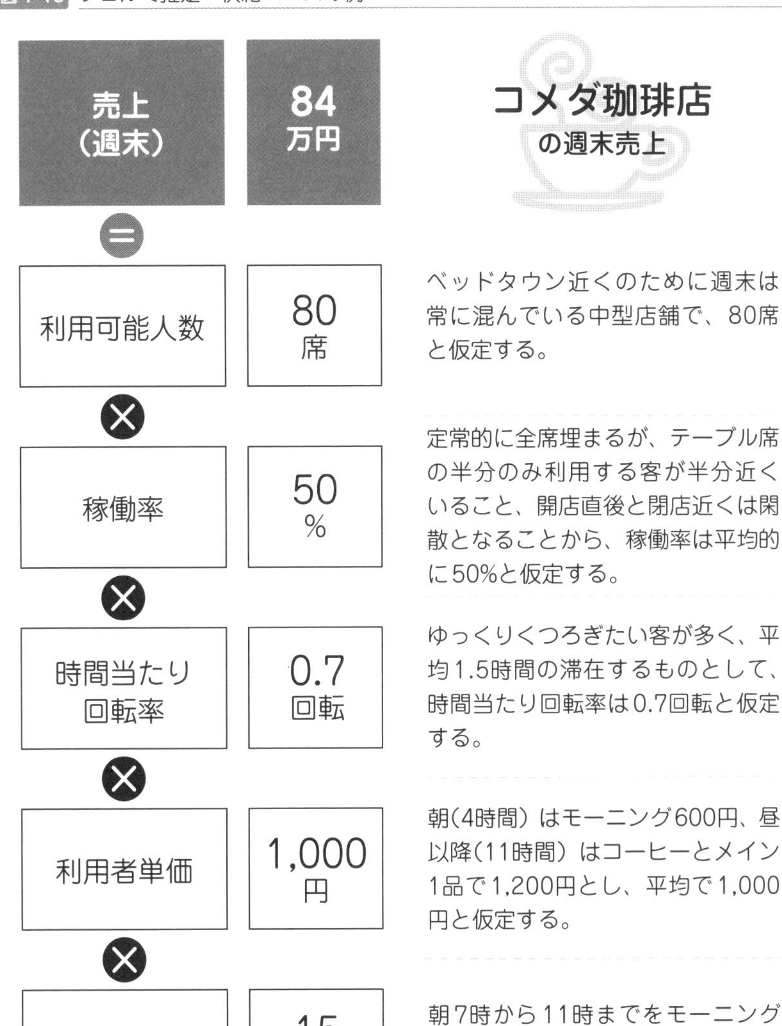

ベッドタウン近くのために週末は常に混んでいる中型店舗で、80席と仮定する。

定常的に全席埋まるが、テーブル席の半分のみ利用する客が半分近くいること、開店直後と閉店近くは閑散となることから、稼働率は平均的に50%と仮定する。

ゆっくりくつろぎたい客が多く、平均1.5時間の滞在するものとして、時間当たり回転率は0.7回転と仮定する。

朝(4時間）はモーニング600円、昼以降(11時間）はコーヒーとメイン1品で1,200円とし、平均で1,000円と仮定する。

朝7時から11時までをモーニングとし、以降22時まで、計15時間の営業と仮定する。

週末の売上を推定するため、土曜日曜の2日と仮定する。

ケーススタディ：整理

何を目的にしてロジカルシンキングを用いるか

	フレームワーク（基本）	ケーススタディ（応用）
整理する	1章	2章
	5章	
問題を解決する	3章	4章

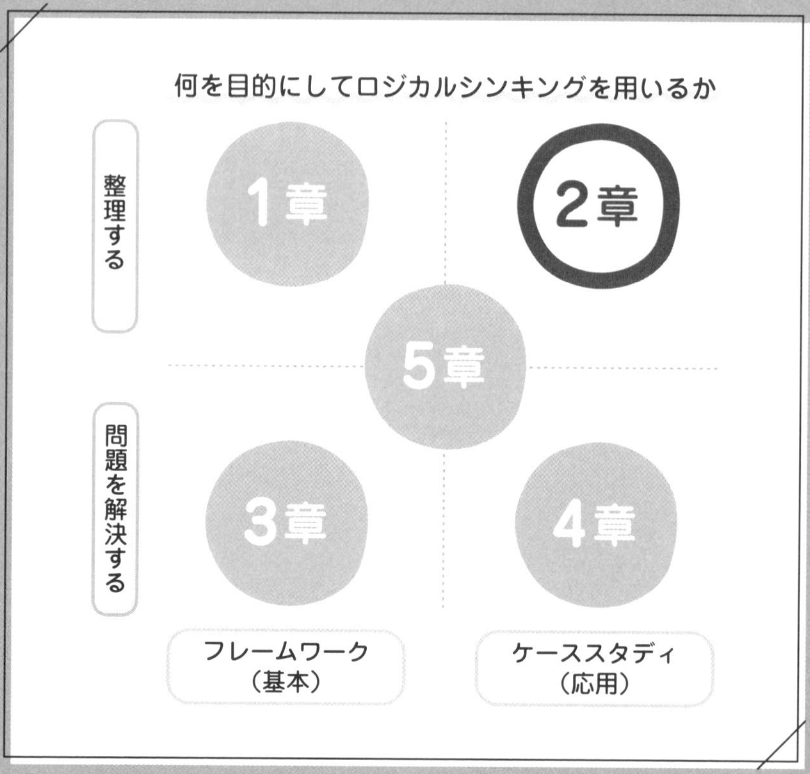

2章では、ロジカルシンキングのツールを用いたケース問題を解説します。ツールの具体的な用い方とその応用方法を学びましょう。

第1部

2-01 拡大を続けるゲーム人口を整理する

 ケーススタディ：MECE/ベン図

角川アスキー総合研究所は、2020年の国内ゲーム人口を以下のA〜Eの通りと発表しました。重複する箇所を明確にしつつ、網羅的になるよう、これらをベン図で整理してください。

Ⓐ2020年の日本の人口は、5歳から59歳までで7,730万人であり、そのうちゲーム人口は5,273万人います。

Ⓑ家庭用ゲームのユーザーは2,707万人、アプリゲームのユーザーは3,976万人、PCゲームのユーザーは1,526万人います。

Ⓒ家庭用ゲームのユーザーについて、1,785万人はアプリゲームもプレイしますが、そのうち656万人はPCゲームもプレイしています。

ⒹPCゲームと家庭用ゲームをプレイするユーザーは773万人です。

Ⓔアプリゲームのユーザーについて、PCゲームもプレイするユーザーは1,034万人います。

手順①：一番大きな要素の提示

最初にやることは、**最も大きな要素を特定する**ことです。

情報（Ⓐ）には、日本人口（5～59歳）とその中のゲーム人口が示されています。一番大きな要素として母集団（5～59歳）を7,730万人、その中にゲーム人口を5,273万人、非ゲーム人口を2,457万人と示します。これで最初の整理は完了です（図2-1）。

次の手順では、内訳にあたる「家庭用ゲーム」、「アプリゲーム」、「PCゲーム」のユーザーについて関係を可視化します。

図2-1　ベン図：母集団とゲーム人口

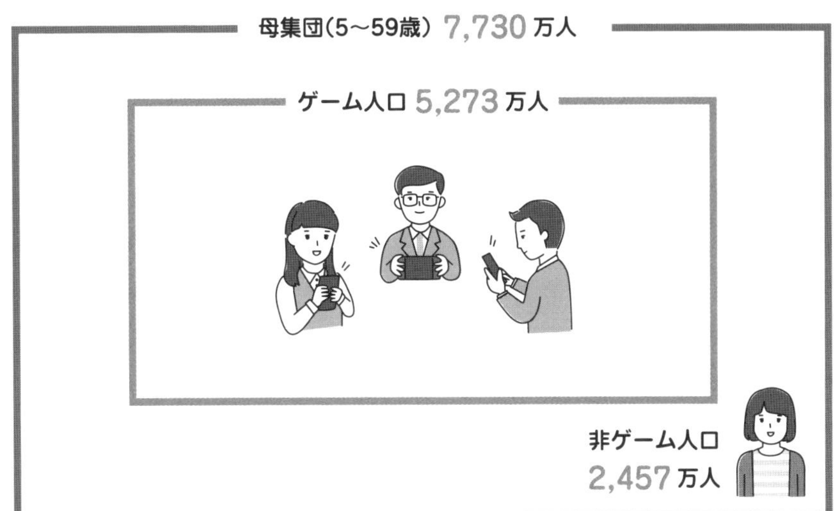

手順②：各要素の関係提示

情報（Ⓑ）から、家庭用ゲームで2,707万人、アプリゲームで3,976万人、PCゲームで1,526万人のユーザーがいることが分かりますが、これはゲーム人口5,273万人を上回っています。その理由は、複数のゲームをプレイするユーザーの存在です。

重複する要素は、図を重ね合わせることで表現できます。各ゲームユーザーのグループが重なっている部分（３重計上部分あり）はゲーム人口を超過する数です。計算をすると、３つのゲームユーザー数からゲーム人口を引いたこの数字は、2,936万人になりました（図2-2）。

図 2-2 ベン図：３つのゲームユーザーの重複人数

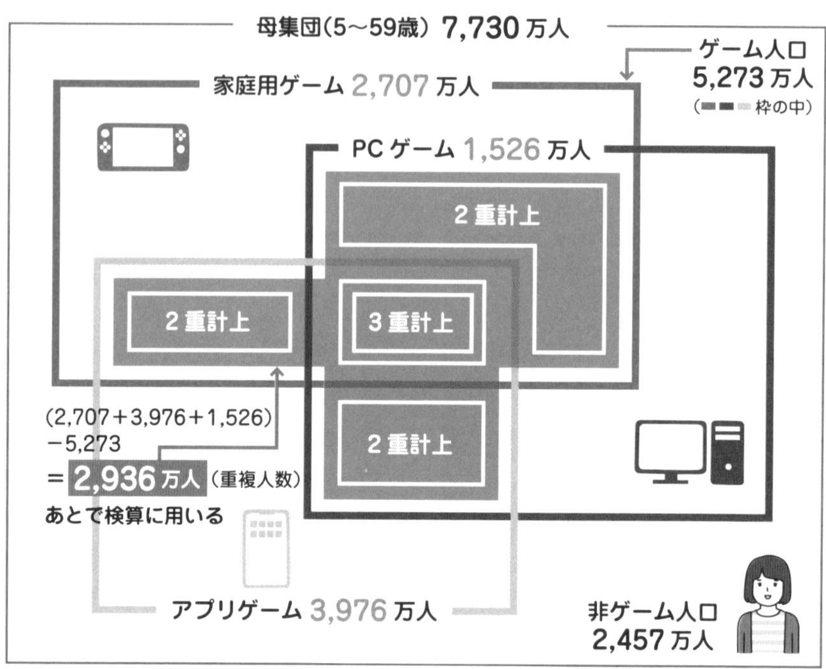

手順③：重複する要素の分解

情報（Ⓒ）によると、家庭用ゲームとアプリゲームの両方をプレイしているユーザーは1,785万人いると示されています。この数字は２つのゲームだけをプレイしているユーザーに加えて、PCゲームも含めた３つをプレイしているユーザーも含まれます。ですから、ベン図の重複部分を整理するには、３つのゲームをプレイする656万人を前述の数字から分解する必要があります。

ベン図で表すと、家庭用ゲームとアプリゲームの“２つだけ”をプレイするユーザーは1,129万人だと分かりました（図2-3)。

図2-3　ベン図：家庭用ゲームとアプリゲームの重複人数

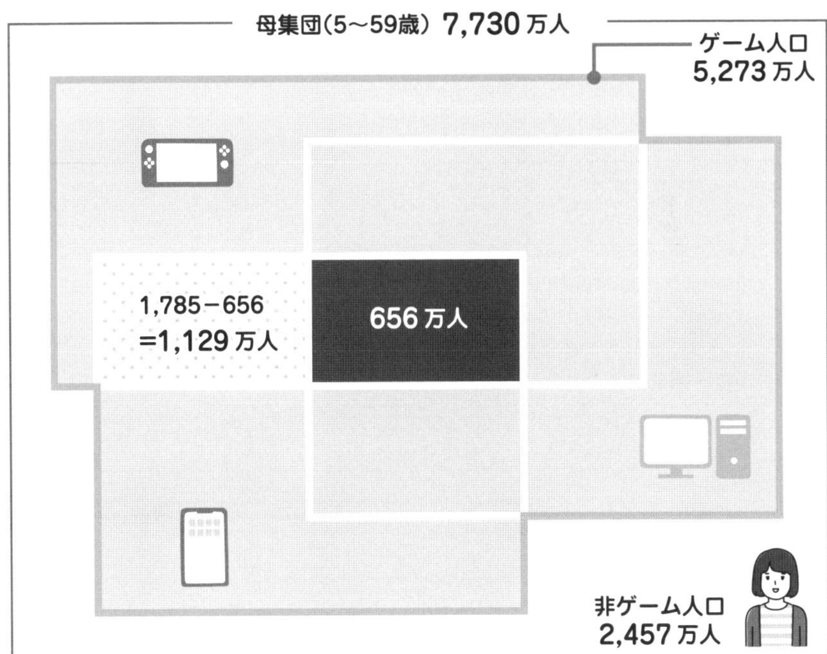

手順④：重複要素をすべて明示

情報（Ⓓ）は、PCゲームと家庭用ゲームの重複数が773万人だと示しています。手順③で、３つのゲームをプレイするユーザーが656万人だと分かっているので、必然的に“２つのゲームだけ”をプレイする人数は117万人になります。

同様に情報（Ⓔ）から、アプリゲームとPCゲームの２つをプレイする1,034万人のユーザーからも656万人を除外すれば、“２つだけ”をプレイするユーザーが378万人だと分かります（図2-4）。

なお、手順②で示した重複部分（2,936万人）は、２重計上部分を１回ずつ、および３重計上部分（★）を２回加えた数字と一致します。

図2-4 ベン図：３つのゲームの重複人数

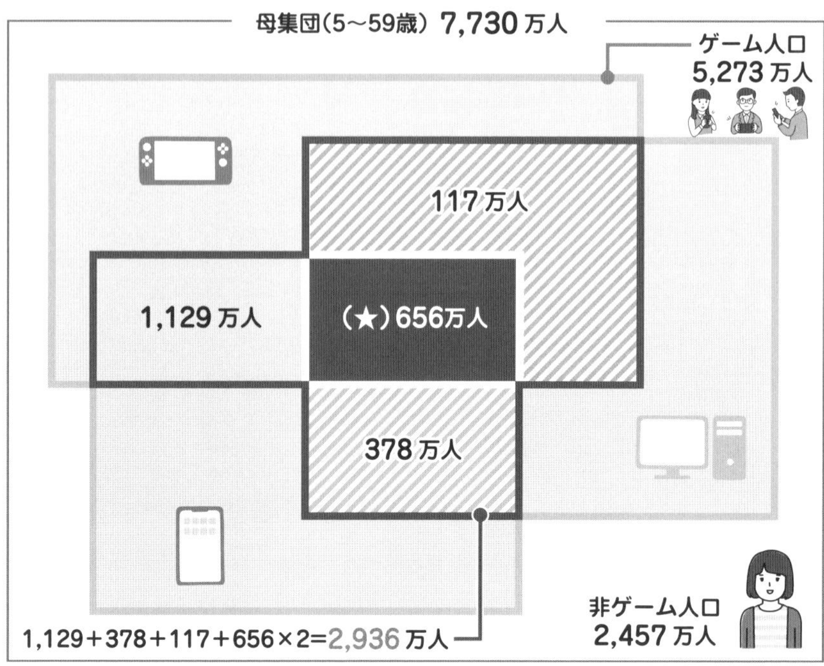

手順⑤：数字と見た目のチェック

最後に、家庭用ゲーム（2,707万人）／アプリゲーム（3,976万人）／PCゲーム（1,526万人）の各ユーザー数から重複する部分の数を除外します。ここまでの手順により、問題で示された情報をベン図で表すことができました（図2-5）。

個々の要素の数、重複部分の数、全体の合計数に矛盾がないことを確認しつつベン図を完成させます。このとき、**扱う数字が大きかったり複雑である場合は、Excelなどの表計算ツールを使って常に計算式をチェックしながら作業を進める**ことをお薦めします。

第1部「整理」をする
第2部「問題解決」をする
第3部「仕事の最適化」をする

図2-5　ベン図：ゲーム人口とその内訳

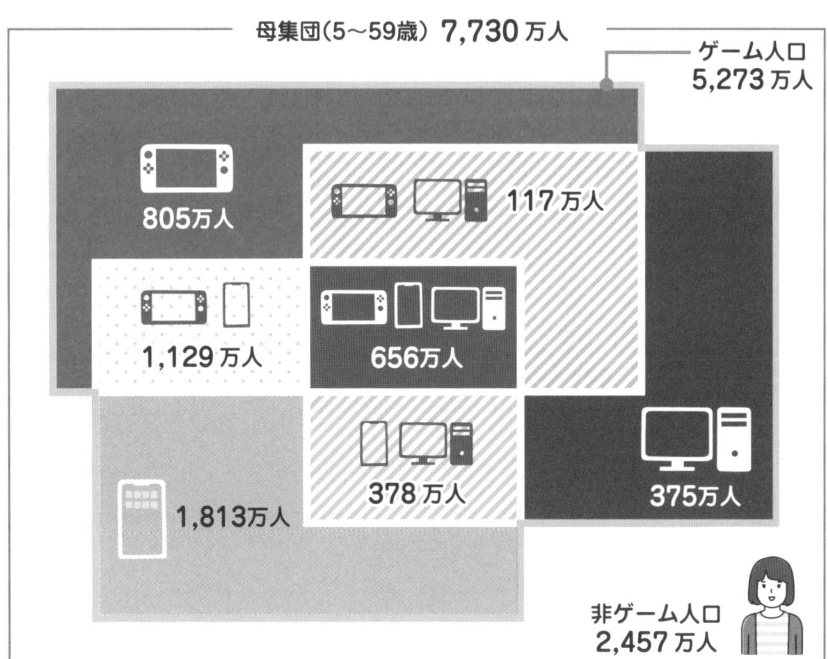

第1部

2-02 流行のヒットソングを整理する

 ケーススタディ：2軸思考

ある音楽プロデューサーが昨今の音楽ヒット事情を（Ⓐ）としてコメントしました。これと（Ⓑ）を合わせて、象限図で整理してください。

Ⓐストリーミング再生は最初の30秒まで流れると1回とカウントされるため、この間に聴き手の関心を惹くことが求められる。

Ⓑビルボードジャパンによると、2021年のTOP10は以下の通り。

順位	曲名	特徴
1位	ドライフラワー	未練がテーマの落ち着きある曲をマイナー調で表現しており、歌詞が際立つよう感情を込めて歌っている。
2位	Dynamite	世界を元気することをテーマに、ディスコポップの明るくしっかりした曲調で、奇をてらうことなくシンプルに歌っている。
3位	夜に駆ける	死を題材にしたハイテンポな曲。エモさが際立つマイナー調で多彩な音域を駆使して歌っている。
4位	炎	低音域から高音域まで幅広い音を使い、今生の別れをしっとり落ち着きあるメロディーで歌っている。
5位	怪物	自身の葛藤について、ハイテンポのメロディーをマイナー主体の目まぐるしい転調と多彩な音とともに歌っている。
6位	Butter	爽やかなシンセサウンドとともにシンプルなリズムとコードに沿った明るい曲調で歌っている。
7位	うっせぇわ	社会への不平不満を辛辣な歌詞とともに、多彩な歌唱表現によってマイナー調の曲を歌っている。
8位	群青	好きなものに没頭することへの応援をテーマに、マイナー調の軽快なメロディーで歌っている。
9位	虹	家族や友人への気持ちを込めたウェディングソングとして、メジャー調のメロディーに乗せて感情的にじっくり歌っている。
10位	廻廻奇譚	アニメ主題歌として、疾走感あるテンポとマイナー調のメロディーに乗せ、多彩な音域を駆使して歌っている。

参考：https://www.billboard-japan.com/special/detail/3400

手順①：整理する軸の洗い出し

最初にやることは、２つの軸の候補になる観点を洗い出すことです。思いつきで決めるのではなく、複数の候補の中から最も妥当性のある２つの観点を選びます。

情報（Ⓐ）から、ヒット曲は最初の30秒で聴き手の関心を惹くものだと分かります。この特徴を説明するのに最も妥当な観点をヒット曲の上位から探すことにしましょう。

情報（Ⓑ）に2021年のヒット曲上位10位が列挙されています。曲の特徴から、軸の候補を考えてみました（図2-6）。

図2-6　ヒット曲上位を整理する軸の候補

手順②：２軸の決定

列挙した軸でTOP10の曲を独断で評価した結果、顕著に傾向が見られた組み合わせを見つけることができました。

最も傾向が顕著だったのは「コード進行」です。上位10曲のほとんどがマイナー調であることが分かりました。また、次いで顕著な傾向が見られた「音数」で半数以上が多彩でした。一方で、コード進行がメジャー調の曲のすべてが「音数」のシンプルなものでした。

これ以上の顕著な傾向が見られる組み合わせはないため、「コード進行」と「音数」を**象限図の軸として選択する**ことにします（図2-7）。

図2-7 ヒット曲の要素を判断する２つの評価軸

曲名	テンポ	歌詞テーマ	コード構成	コード進行 ✔	歌い方	音域	音数 ✔
ドライフラワー	遅い	ネガティブ	単純	マイナー	感情的	普通	シンプル
Dynamite	普通	ポジティブ	単純	メジャー	淡々	普通	シンプル
夜に駆ける	速い	ネガティブ	複雑	マイナー	感情的	広い	多彩
炎	遅い	ネガティブ	単純	マイナー	感情的	広い	多彩
怪物	速い	ネガティブ	複雑	マイナー	淡々	普通	多彩
Butter	普通	ポジティブ	単純	マイナー	淡々	普通	多彩
うっせぇわ	普通	ネガティブ	普通	マイナー	感情的	広い	多彩
群青	普通	ポジティブ	普通	マイナー	淡々	普通	多彩
虹	遅い	ポジティブ	単純	メジャー	感情的	普通	シンプル
廻廻奇譚	速い	ネガティブ	複雑	マイナー	淡々	広い	多彩

手順③：傾向を軸で明示

選択した２つの軸で**象限図**をつくった結果、ヒット曲はほぼ二極化の傾向にあることが分かりました。ドライフラワーが例外に思えますが、「歌い方」の軸を組み合わせると、感情的な歌い方によって大きな支持を得たのではないかと仮説を立てることもできます（図2-8）。

２軸思考で整理した象限図は、選ばれなかった軸要素を属性情報として付け加えると、さらに説得力が増します。軸と属性の確からしさを検証し、相手の気づきや納得を引き出す象限図をつくりましょう。

図2-8　相手に気づきを与えるヒット曲の象限図

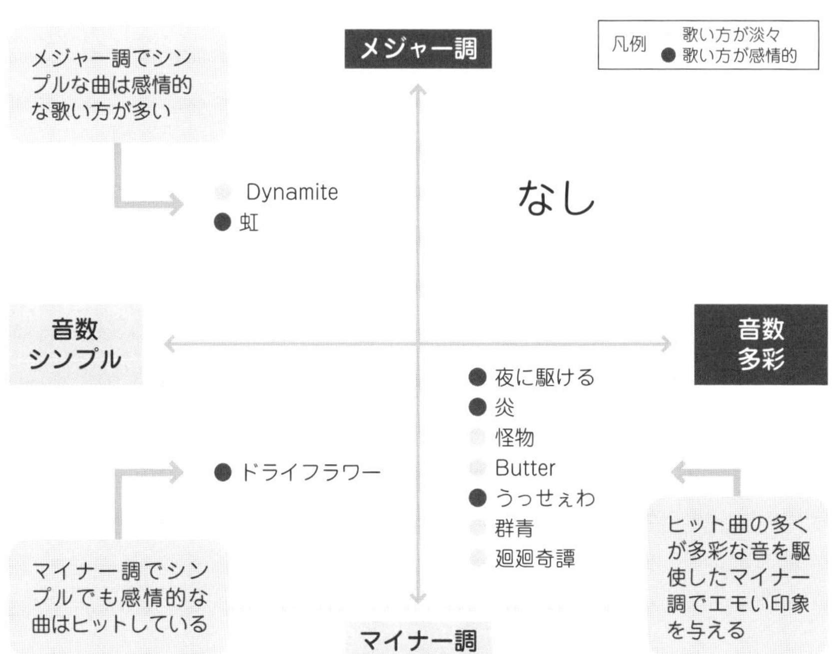

第1部

2-03 人がこわがる理由を整理する

ケーススタディ：ロジックツリー

以下の文章を読んで、「こわい」に含まれる内容をロジックツリーの形で整理してください。

『人が「こわい」という言葉を使うとき、その人が何にこわさを感じているかを論理的に整理することで、対処方法が明確になります。

たとえば、お化け屋敷のように、そこに入ることでどのような驚きを強要されるのか不安を覚えるとき、「こわい」と感じます。治安の悪い地区の夜道を歩くときも「こわい」と感じます。これは、誰かに襲われるなど被害を受ける可能性を感じるからです。いずれも、これから起きることを「知らない（確証がない）」ために生じる感情です。

一方で、何が起きるか分かっていても「こわい」と表現することもあります。ジェットコースターに乗る際の「こわい」という気持ちは、ものすごい速さで高低差のあるコースを駆け抜ける感覚の不快さ、嫌な体験を知っているから分かる感情です。

最後にひとつ、特殊な「こわい」が使われる場面があります。それは、他の人が自分に対してこわさを強要してくることを逆手にとって、わざと自分の好きなモノ・コトを指して「こわい」とアピールする状況です。相手のいじわるが自分の得になるよう騙すのです。落語にある「饅頭怖い」はまさにこのケースに該当する「こわい」といえます。』

手順①：要素の列挙

ロジックツリーを示すということは、**対象の論理的構造を図解する**ということです。この文章の中で「こわい」に関するどんな要素が含まれていたか、最初に列挙してみましょう。

要素を列挙した結果、文章前半は、「驚きを強要される可能性」と「被害を受けるかもしれない可能性」への不安、文章後半は、「これから起きる嫌な体験」への嫌悪と「相手のいじわるが自分の得になる」という期待を述べており、これらを「こわい」と表現していることが分かりました（図2-9）。

図 2-9 「こわい」の説明に含まれる要素

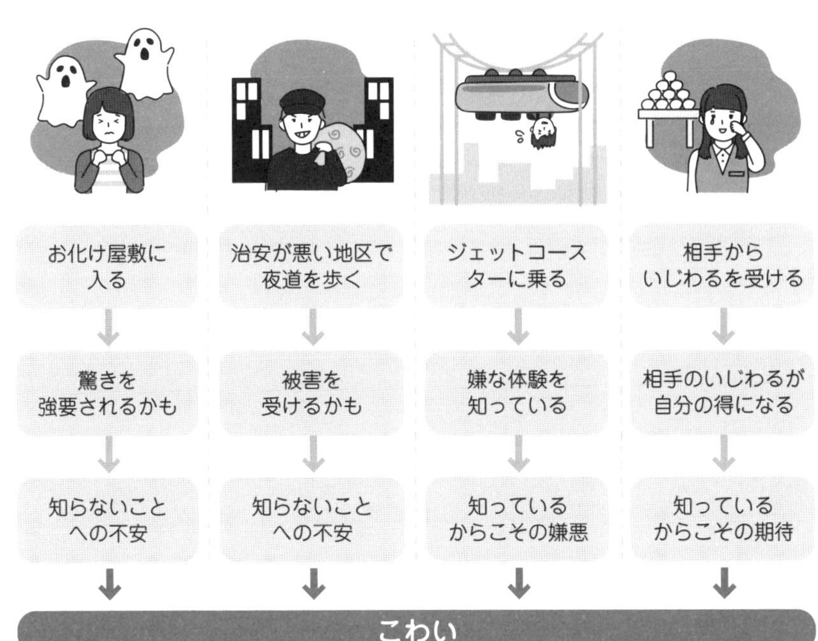

手順②：直感による観点設定

列挙した要素は、「どんなことが起きるか不確実・予想が難しい」というものと、「こういうことが起きる」というものに大別できそうな気がします。そこで「未知」と「既知」に分類し、４つのエピソードを紐づけてみたところ、それっぽくツリー構造ができました（図2-10）。

しかし、不安や嫌悪というネガティブな感情を未知と既知に分類しても、そこから次の議論に発展させることは難しそうです。また、期待するというポジティブな感情は他と異質であり、これと嫌悪のエピソードを同じグループに連ねても、やはり次の議論に発展させにくいでしょう。

図2-10 結果認識の観点で「こわい」を整理したロジックツリー

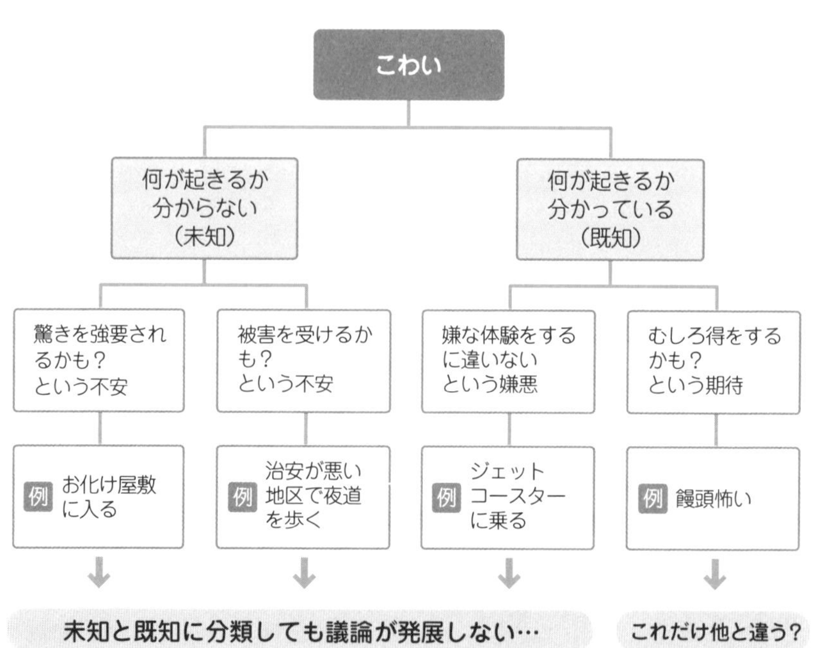

手順③：より良い観点への切り替え

先のロジックツリーを見直したところ、「不安」も「嫌悪」もネガティブな心理としてグループ化し、残った「期待」はポジティブなものとして整理できることに気づきました。この整理であれば、「ネガティブな心理の相手とポジティブな心理の相手を見分ける方法」のような議論に発展させることもできます（図2-11）。

ロジックツリーをつくるということは、論理構造を分解して要素を関連づけることです。整理することが目的ではなく、何のために整理するかを考えると、より良い観点でロジックツリーをつくることができます。

図 2-11　心理影響の観点で「こわい」を整理したロジックツリー

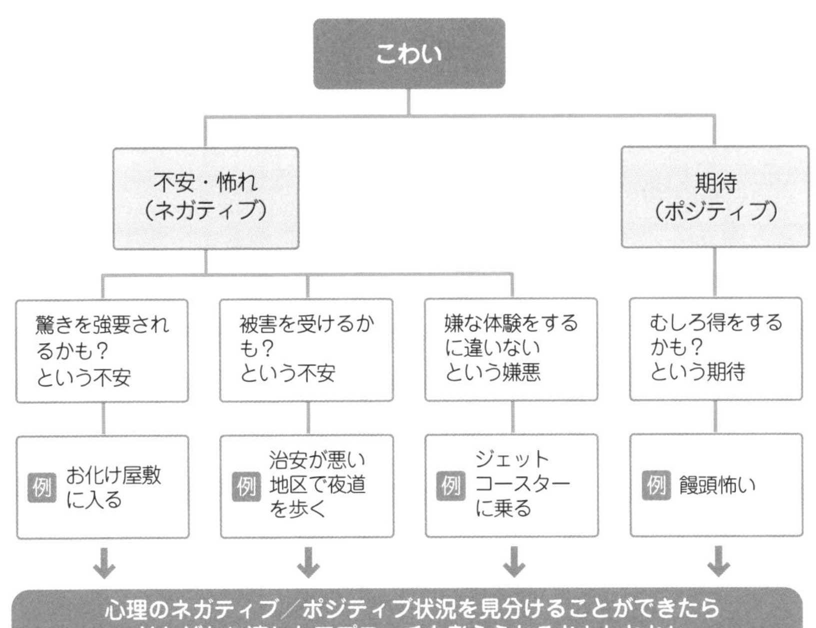

第1部

2-04 トラブル企業への指導策を整理する

ケーススタディ：ピラミッドストラクチャー

あるインターネットサービスでは、Ⓐ～Ⓕのトラブルが発生しています。このサービスを提供する企業にどんな改善を求めるかをピラミッドストラクチャーで示してください。

Ⓐ広告では「インターネット高速回線」を謳っているのに、夜間帯は低速での通信しかできず、ネット友達と遊びづらい。

Ⓑ速度低下のクレームをヘルプデスクへ伝えても「ベストエフォートで提供しているため仕方ない」と言われ、納得がいかない。

Ⓒインターネットサービスを管轄している総務省ではパケットロス率（通信品質項目）の基準を設けているが、それを大きく上回るロス率が多数のサービス利用者から報告されている。

Ⓓ法人向けにサービス品質を保証しているインターネット回線で、パケットロス率が品質保証基準を下回る状況が続いている。

Ⓔ品質クレームを企業へ伝えたが、「契約に抵触する異常は認められず、解約するなら違約金が発生します」との回答を受けた。開き直りに感じられて腹立たしい。

Ⓕ新規利用の直後、品質問題を理由に解約することにしたが、違約金＋撤去工事費を企業から要求された。消費者センターを交えた交渉でなんとか支払いせずに済んでほっとしている。

手順①：問題テーマ設定

ピラミッドストラクチャーとは、**キーメッセージ／根拠／データを階層構造で整理し、論理の整合性を確かめるためのもの**です。分析対象の問題に対して、最初にやることは問題テーマを設定することです。

このケースでは、インターネット高速回線を提供しているあるサービスについて、広告内容とクレーム対応に問題がありそうだと（Ⓐ）〜（Ⓕ）のトラブル内容から察することができます。そこで、問題テーマには「回線速度が遅くてネット利用に支障がある。どのような是正措置が妥当か？」として、改善アクションを整理することにします（図2-12）。

図 2-12 問題テーマを設定する流れ

- インターネット高速回線を提供するサービスについて、広告や契約で謳われていることとサービスの実態に乖離がある。
- クレームを入れても言い訳をされて対応してもらえず、消費者が損害を被っている。

→

このインターネット高速回線サービスは、回線速度が遅くてネット利用に支障がある。どのような是正措置が妥当か、結論を出そう！

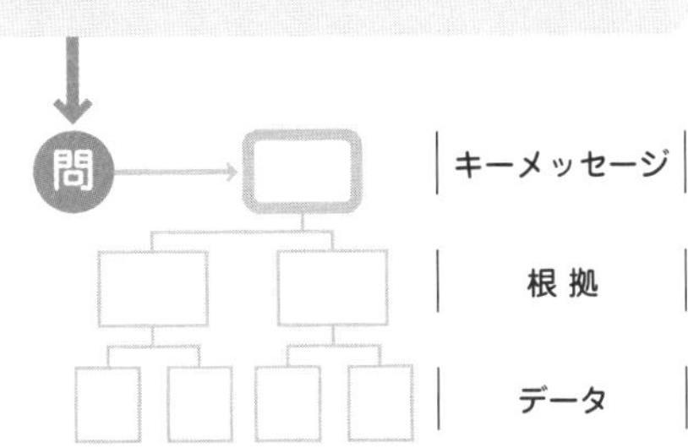

ピラミッドストラクチャー

手順②：データ収集

ピラミッドストラクチャーの**「データ」を収集するのが次のステップ**です。問題点として（Ⓐ）～（Ⓕ）の6つが分かっているので、これらを事例として列挙しましょう（図2-13）。

データにあたる要素には客観的に事実に絞って整理します。（Ⓐ）～（Ⓕ）の中には感情的な内容も含まれていました。しかし、納得がいかない、腹立たしいというような情報は主観的なものであり、人によって認識が異なることもあります。誰が見ても論理的に正しいと受け入れられるよう、ピラミッドストラクチャーは事実にもとづいて記載しましょう。

図2-13 キーメッセージを構成する事例

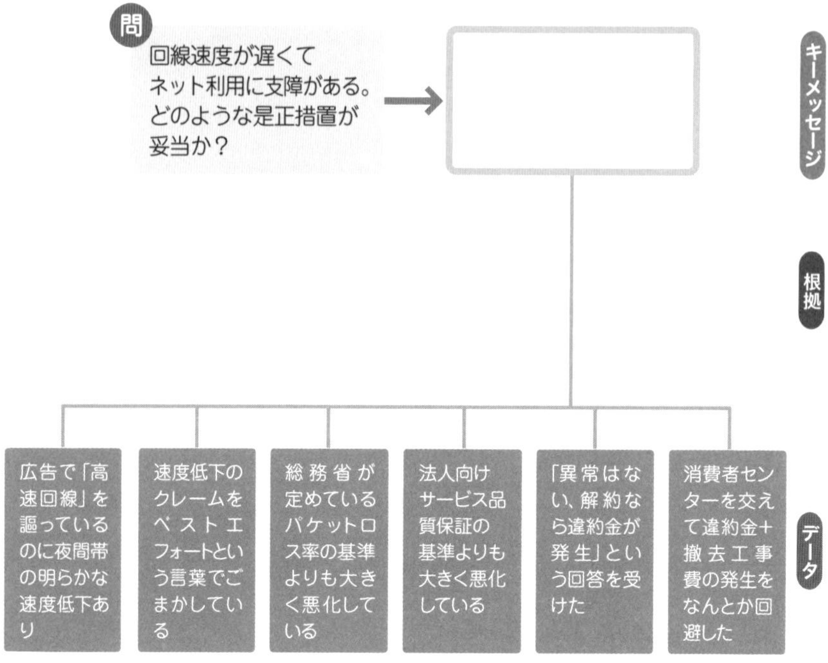

問
回線速度が遅くてネット利用に支障がある。どのような是正措置が妥当か？

キーメッセージ

根拠

データ

広告で「高速回線」を謳っているのに夜間帯の明らかな速度低下あり	速度低下のクレームをベストエフォートという言葉でごまかしている	総務省が定めているパケットロス率の基準よりも大きく悪化している	法人向けサービス品質保証の基準よりも大きく悪化している	「異常はない、解約なら違約金が発生」という回答を受けた	消費者センターを交えて違約金＋撤去工事費の発生をなんとか回避した

手順③：So What分析

事例を列挙したら、次は**事例の中から似ているものをグループ化**します。データ要素から「So What（だから何）？」とつながるようにグループ化された内容の表現を整えると「根拠」になります。

「高速回線を謳っているのに夜間は遅い」と「速度低下をベストエフォートという言葉でごまかしている」は両方とも「宣伝広告に対する問題」としてまとめることができます。残りの事例も、「満たすべき基準を達成できていない問題」と「消費者を適切に扱っていない問題」としてグループ化できました（図2-14）。

図 2-14　事例要素のグループ化と根拠としてのまとめ方

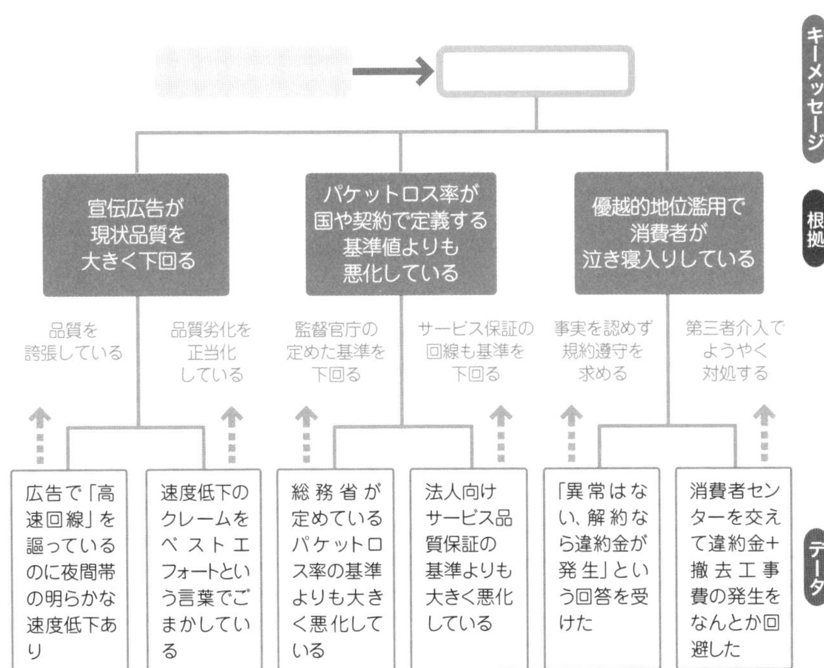

手順④：キーメッセージ導出

列挙された根拠からさらに「So What（だから）？」とつながるように1つの結論を導き出すと「キーメッセージ」になります。

このケースでは、「宣伝広告に対する問題」は景品表示法違反、「満たすべき基準を達成できていない問題」は電気通信事業法違反、「消費者を適切に扱っていない問題」は独占禁止法違反に相当すると考えました。

３つの根拠がいずれも法令違反であることから、キーメッセージには「法令違反に対する指導を受ける」ことが妥当な是正措置であると示すことにします（図2-15）。

図 2-15 根拠からのキーメッセージ導出

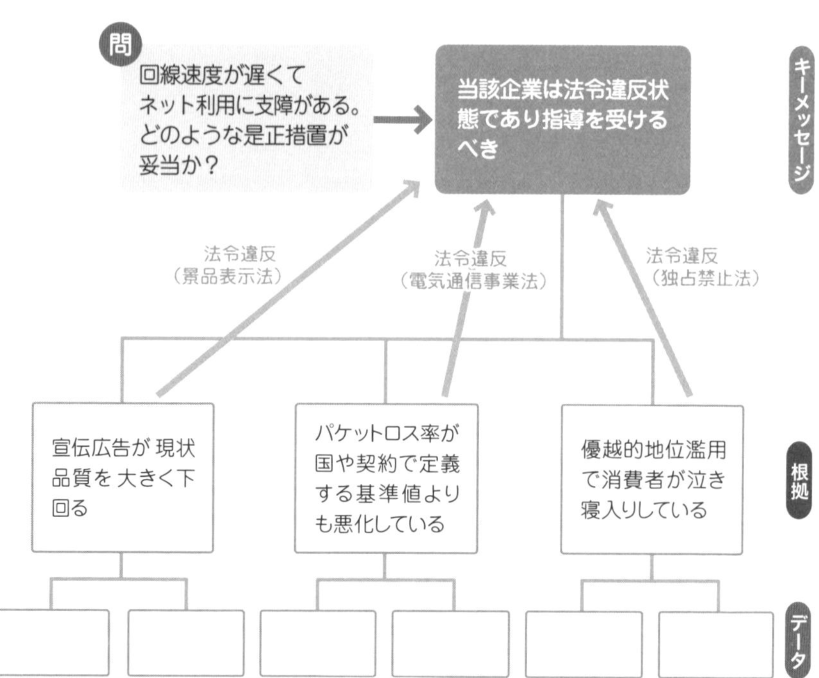

手順⑤：Why検証＆ロジック完成

最後にキーメッセージから根拠、根拠からデータへのロジックの流れを「Why（なぜなら）？」とつなげて違和感を覚える箇所があるか確認します。気になる部分は自然なつながりになるよう表現を変えます。

このケースでは、３つの根拠を「〜法違反」という粒度で揃えたことで把握しやすくなりました。キーメッセージも法令違反状態への指導を意味する「業務改善命令」という用語に置き換えたことで、より適した意味に改良することができました（図2-16）。

図2-16　キーメッセージ／根拠／データの整合性と粒度の調整

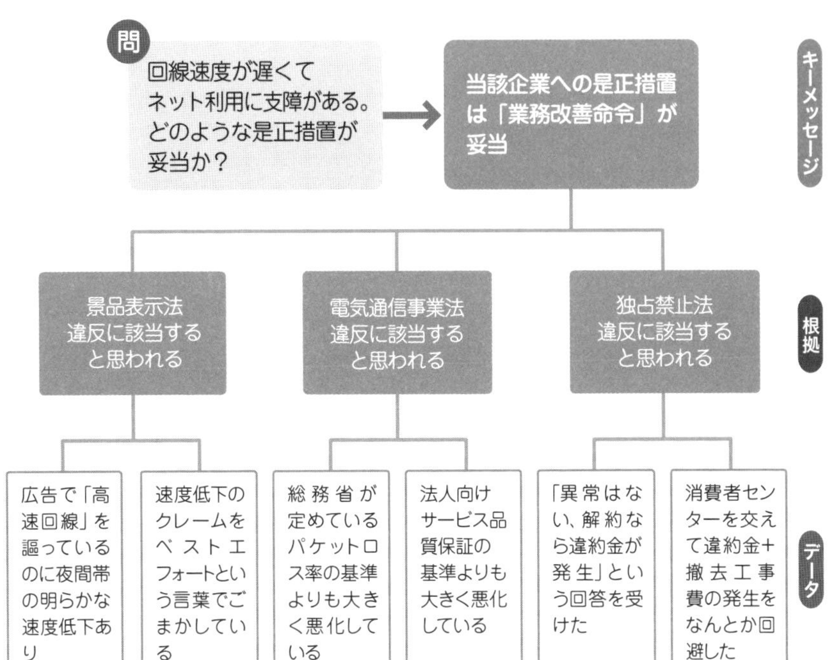

参考：ピラミッドストラクチャーのつくり方

ピラミッドストラクチャーのつくり方を手順①～⑤の５ステップで解説しました。改めて、全体の流れを俯瞰してみましょう（図2-17）。

手順❶「**問題テーマ設定**」では、何を問題として認識するのか決めるところから始めます。どんなキーメッセージがあり得るのか、この段階である程度意識しておきます。

手順❷「**データ収集**」では、問題に関係する事実を収集します。似たような情報がたくさん集まった場合には、大まかな単位で似ているものをグループ化すると整理しやすくなります。

図2-17 ピラミッドストラクチャーのつくり方

❶問題テーマ設定

・ピラミッドストラクチャー（ツリー階層構造）のテンプレートを用意する。
・問題テーマを設定する。

図2-12

❷データ収集

・テーマに関する事例を集め、ピラミッドストラクチャーの最下層に列挙し、それらを「データ」として扱う。

図2-13

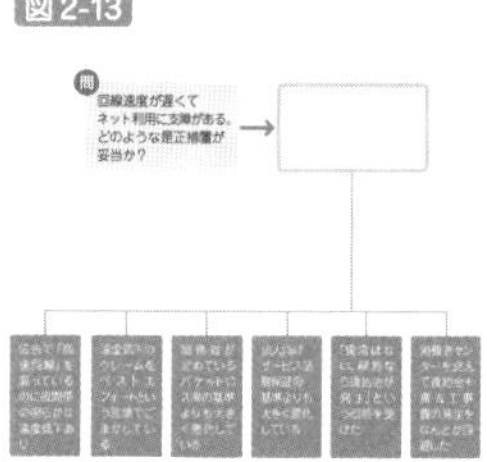

❸So What分析

・データに対して「だから何が言えるのか?」を問い、答えを1つ上の層でグループにまとめる。これを繰り返し、2～5個程度までまとめたものまでを「根拠」として扱う。

図2-14

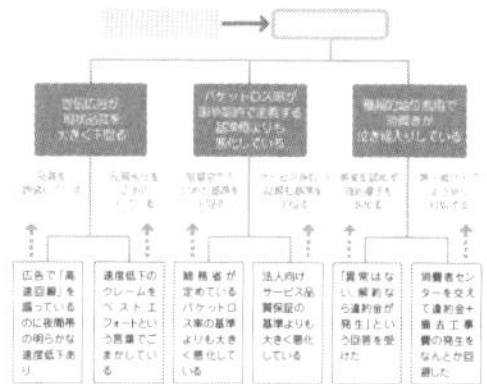

手順③「**So What分析**」では、手順②でまとめたデータに対して、“だから何が言えるか”を問います。それらの答えを２～５個程度まで集約できたものを根拠として用います。

手順④「**キーメッセージ導出**」では、根拠に対して「So What分析」を行い、１つの内容に集約します。最初に設定した問題テーマの答えになるよう整えたものをキーメッセージとします。

手順⑤「**Why検証 ＆ ロジック完成**」では、キーメッセージ→根拠→データへのロジックの流れが「なぜなら」とつなげることができるか確かめます。話の流れに違和感がなくなったとき、ロジックは完成します。

分かりやすい論文やレポートは、章・節の構造がピラミッドストラクチャーになっています。参考にしてみてください。

---

④キーメッセージ導出

- 根拠に対して「だから何がいえるのか?」をさらに問い、1つにまとめる。
- 問題テーマの答えになるよう表現を整え、それを「キーメッセージ」として扱う。

図 2-15

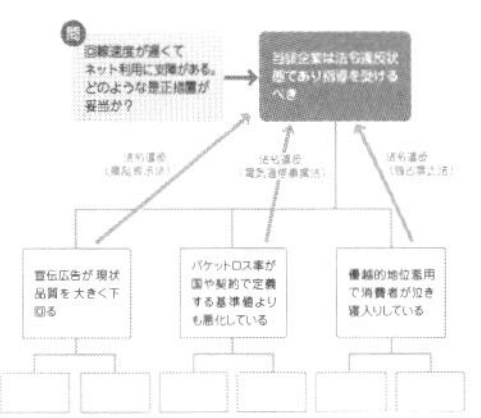

⑤Why検証 ＆ ロジック完成

- 逆向きに「なぜなら?」を繰り返し、矛盾なく下層にロジックがつながることを確認する。
- 違和感がなくなったときにロジックが完成する。

図 2-16

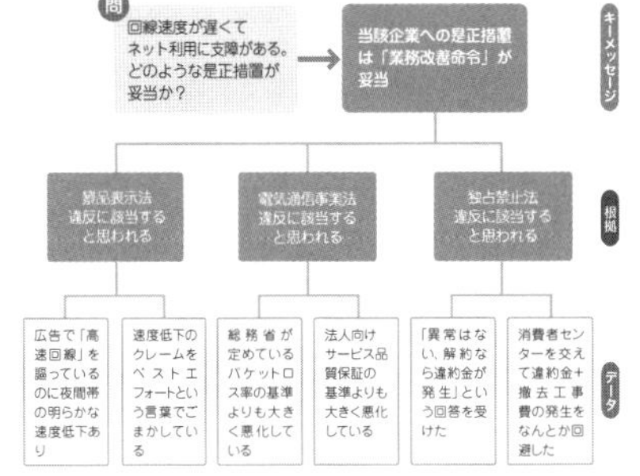

第1部

2-05 コナンが住む町の人口を推定する

ケーススタディ：フェルミ推定

漫画『名探偵コナン』は、舞台となる米花市米花町で多くの殺人事件が起きています。以下の情報を参考に、「米花市米花町の人口（①米花町人口)」と「殺人事件の被害者遺族向け給付金（②殺人被害給付金)」を推定してください。

Ⓐコミックス1～93巻を通じ、247人が殺人事件で死亡している。
Ⓑコミックス1～93巻のあいだ、コナン達は小学１年生であり、進級していないものとして描かれている。
Ⓒ日本では殺人事件の発生件数は10万人当たり0.736件である。
Ⓓ殺人事件の被害者は重軽傷者も含まれており、事件１件当たりの死亡者は平均0.332人となる。
Ⓔ殺人事件では被害者遺族から加害者へ慰謝料を請求でき、過去実績から１件当たり平均3,500万円と考えられる。
Ⓕ殺人事件の加害者側に十分な資産がないことも多く、請求の６割は慰謝料が支払われておらず、支払われた場合でも請求額の４割しか回収できていないと思われる。回収できない分は「殺人被害給付金」として国が支払うものとする。

参考：『犯罪被害者等施策に関する基礎資料』『令和２年の犯罪：犯罪統計書 表53』（警察庁）
『青山剛昌30周年本』（小学館）

手順①：フェルミ推定の要素洗い出し

一般的な**フェルミ推定**は所有／存在／需要／供給のいずれかをベースにして要素の組み合わせを決め、妥当性のある数字をあてはめます。このケースが対象とする殺人事件は「**需要ベース**」の考え方が最も近いため、その構造を参考に構造式を決めていきましょう。

殺人事件の死亡者数を計算する構造式をつくって、その後に式を変形させると「①米花町人口」を求めやすくなります。

殺人事件の死亡者数に対する慰謝料未回収分を計算すると「②殺人被害給付金」になります。①の構造式に慰謝料未回収率を掛け算することで求めることができそうです（図2-18）。

図 2-18　フェルミ推定の「需要ベース」にもとづく構造式

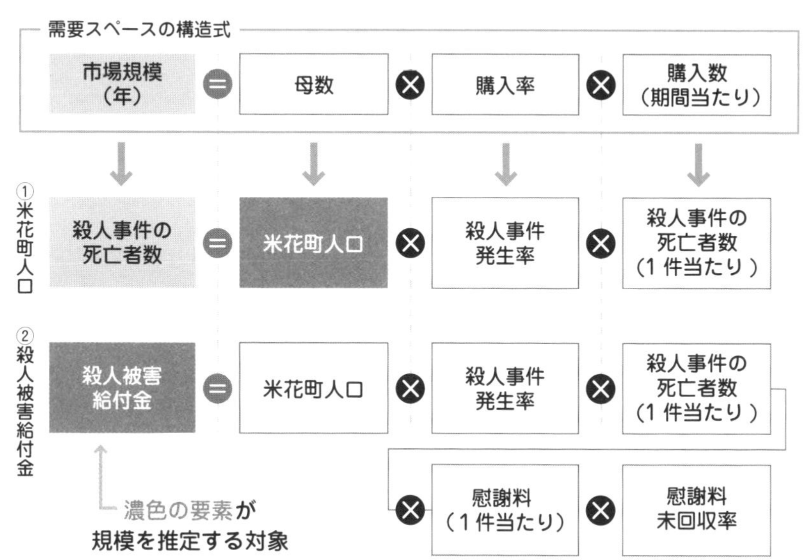

手順②：米花町人口は組み換えて算出

それでは米花町人口を計算してみましょう。

構造式（①）について、情報（Ⓐ）と（Ⓑ）から殺人事件の年間死亡者数が「247人」だと分かります。

情報（Ⓒ）を殺人事件の被害者になる確率として読み替えると「0.000736%」になります。

情報（Ⓓ）は殺人事件１件当たりの死亡者数なので、そのまま「0.332人」を用います。これで米花町人口以外の要素に数字が代入された構造式（②）ができます。

米花町人口を求めるには、「殺人事件発生率」と「殺人事件の死亡者数（１件当たり）」を右辺から左辺へ移動させた構造式（③）に組み換える必要があります。

できあがった構造式の計算結果（④）から、コナンが住む町の人口は約１億人であると推定できました。日本の総人口の８割が住む計算になるので、超過密地域といえるでしょう（図2-19）。

もしかすると、米花町は殺人事件の発生率が異常に高いのかもしれません。そこで、一般的に町の最大規模が５万人であることから、米花町の人口を５万人としたときのことも考えてみます。

５万人の町で殺人事件の死亡者が247人。１件当たりの死亡者数が日本と同じだとすると、殺人事件発生率は「1.5%」になります。

都市部の小学校は１学年で100～150人なので、同級生が年に１人、殺人事件で死亡することになります。これは世界最悪の殺人事件発生率を誇るベネズエラの10倍にあたります。

図 2-19 構造式を組み替えて要素を算出：米花町人口

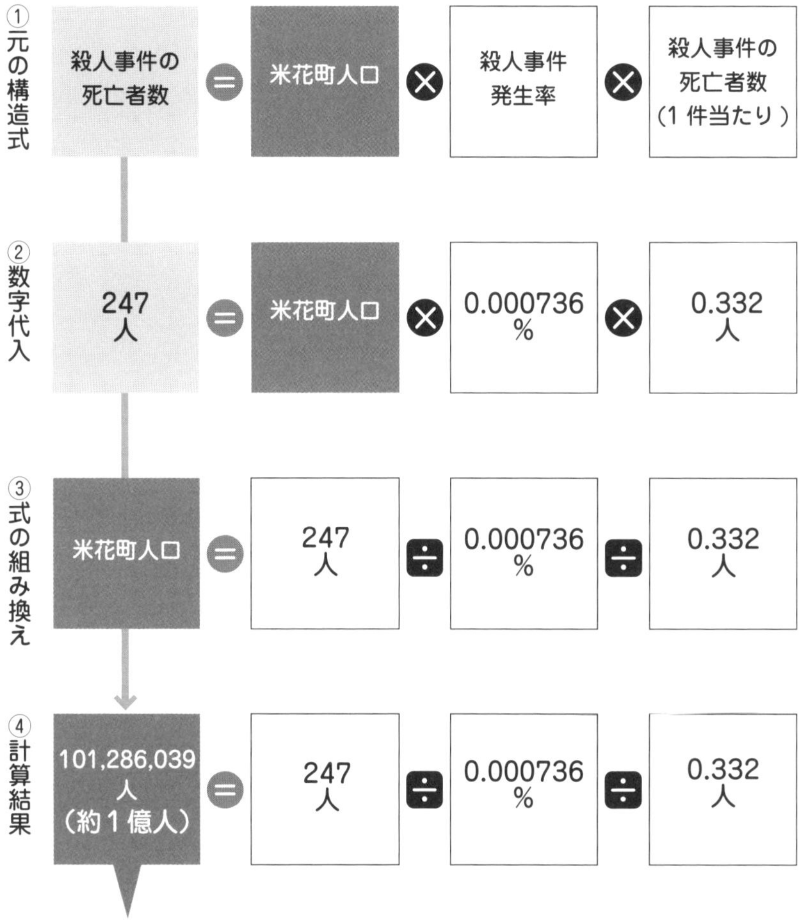

①元の構造式	殺人事件の死亡者数	＝	米花町人口	×	殺人事件発生率	×	殺人事件の死亡者数（1 件当たり）
②数字代入	247 人	＝	米花町人口	×	0.000736 %	×	0.332 人
③式の組み換え	米花町人口	＝	247 人	÷	0.000736 %	÷	0.332 人
④計算結果	101,286,039 人（約 1 億人）	＝	247 人	÷	0.000736 %	÷	0.332 人

日本の殺人事件発生率にあてはめると、
コナンの住んでいる米花町の人口は

「1 億人」だった

※もしくはベネズエラの 10 倍危険だった

手順③：殺人被害給付金を規模推定

もう1つ、殺人被害給付金の規模を推定してみましょう。

構造式（①）について、前の手順で計算した結果から、米花町人口、殺人事件発生率、殺人事件の死亡者数（1件当たり）の数字は判明しています。ここでは計算しやすいよう、米花町人口を「1億人」とします。

情報（Ⓔ）から、殺人事件1件当たりにつき、加害者に請求する慰謝料は「3500万円」とします。

情報（Ⓕ）には、殺人事件の慰謝料を受け取れたのは全体の40%であり、しかし金額は請求額の40%に過ぎなかったとありました。このことから、16%（40% × 40%）が慰謝料請求額の全体に対する回収率とし、未回収率は「84%」（100%−16%）であるとします。

数字を代入して計算すると、殺人被害給付金の規模は「71.7億円/年」となりました。日本の犯罪被害者給付金は毎年7億円前後なので、その10倍の金額が必要とされています（図2-20）。

「米花町人口」と「殺人被害給付金」をフェルミ推定で考えてみたところ、非常識な数字が算出されたのは、面白い思考実験でした。

名探偵コナンのスピンアウト作品『犯人の犯沢さん』では、電車で米花町の駅で降りる主人公が「死にたいのか！？　まともな人間はこの町には近づかないぞ！」と警告されているシーンがあります。いくらなんでも誇張し過ぎだろうと思っていたのですが、コナンが住む米花町は世界中でもダントツに危険な地域なのですから、大げさでも何でもなかったということがよく分かりました。

図 2-20 構造式を組み替えて要素を算出：殺人被害給付金

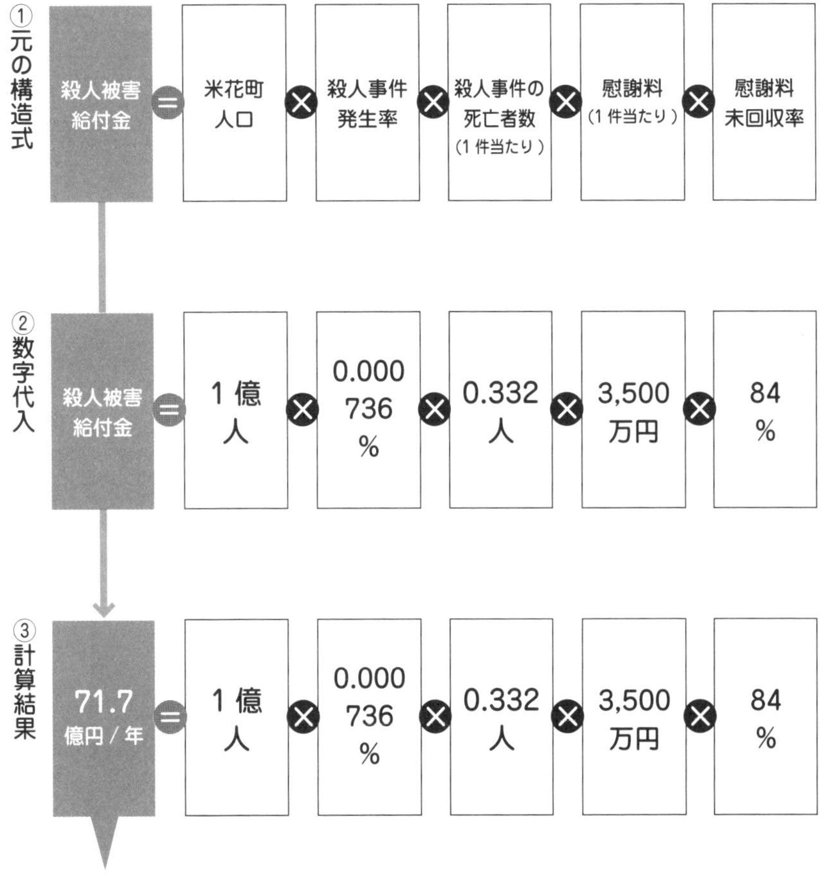

①元の構造式

殺人被害給付金	=	米花町人口	×	殺人事件発生率	×	殺人事件の死亡者数（1 件当たり）	×	慰謝料（1 件当たり）	×	慰謝料未回収率

②数字代入

殺人被害給付金	=	1 億人	×	0.000736%	×	0.332 人	×	3,500 万円	×	84%

③計算結果

71.7 億円 / 年	=	1 億人	×	0.000736%	×	0.332 人	×	3,500 万円	×	84%

コナンの住んでいる米花町は
殺人事件の被害者遺族に向けた給付金は

日本（7億円）の「10倍」必要だった

column

コミュニケーションは「THINK」の姿勢

ロジカルに物事を考えると聞いて無機質なやりとりを思い浮かべる人がいるかもしれませんが、「何のためか」を論理的に考えれば、最適なコミュニケーションとして感情的に好ましいやりとりを自然に採用することになります。

少なくとも、以下に示す**「THINK」コミュニケーション**を実践していれば、相手から無機質なやり取りだと思われることはありません。

真実を伝えているか、役に立つ情報であるか、新しいアイデアを促すものか、必要とされていることか、思いやりが含まれているか。これら5つの姿勢をコミュニケーションで意識できていれば、常に相手と円滑にやりとりすることができます。

自分ではなく相手の立場でロジカルに考えると、どんなコミュニケーションの取り方が適切であるか分かります。

第2部

ロジカルシンキングで「問題解決」をする

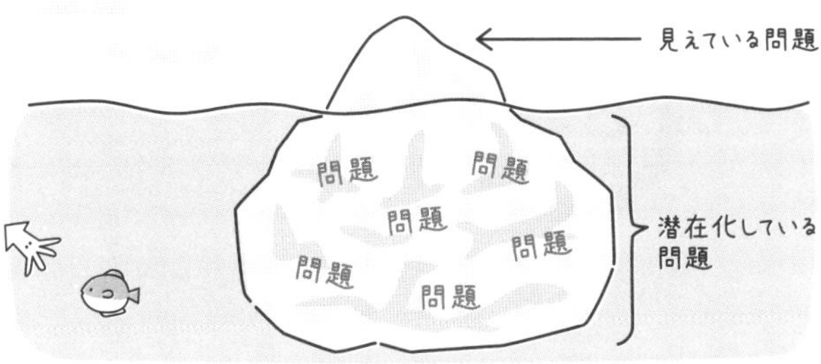

フレームワーク：問題解決

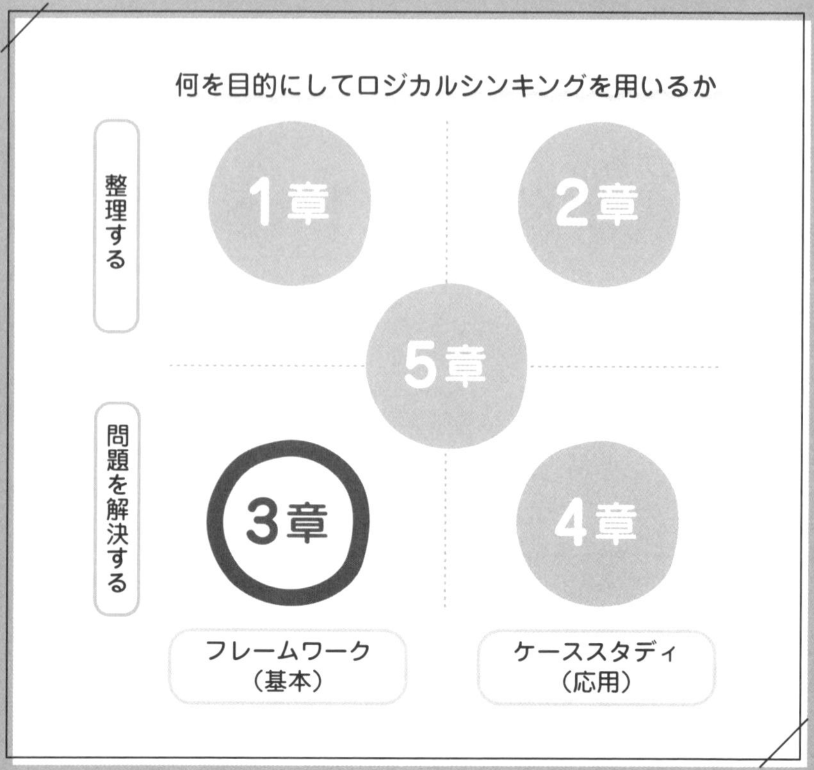

何を目的にしてロジカルシンキングを用いるか

	フレームワーク（基本）	ケーススタディ（応用）
整理する	1章	2章
問題を解決する	3章	4章

5章

３章では、ロジカルシンキングを使って問題解決をするために必須のツールを解説します。問題を発見し、分析して真因を明らかにして、優先順位を付けて計画に落とし込むやり方を身につけましょう。

第2部

3-01 問題解決フレームワーク

「問題」と「課題」の関係

ロジカルシンキングの実践が求められる状況の１つに**問題解決**があります。**問題解決とは問題を分析し、課題を明らかにした上でそれを解決する行為**です。「問題」とはあるべき姿に対して期待を下回っている状態、「課題」とは問題を解消するためにすべきことを指します（図3-1）。

図3-1 「問題」と「課題」

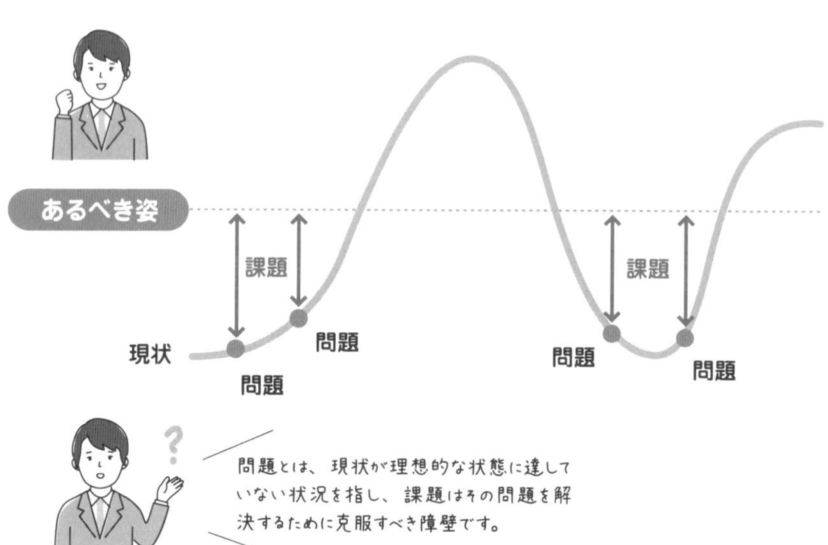

問題解決 ＝ 問題分析 ＋ 課題解決

問題解決は２つのフェーズに大別できます。最初に**「問題分析」で真因を特定し、次に「課題解決」で目標を実現する計画を立案**します。

これらはさらに６つのステップに分解できます。現状を調べて"問題発見"し、そこから解決すべき"課題抽出"を行い、共通する"真因特定"を経て、解決策を"施策立案"します。施策の"優先順位づけ"をしたら、いつだれがどの施策を実行するのか"ロードマップ策定"します（図3-2)。

あとは計画に沿って実行すれば、問題解決となります。

図 3-2　問題解決の要素分解（問題分析＋課題解決）

問題発見	課題抽出	真因特定	施策立案	優先順位づけ	ロードマップ策定
ヒアリングによるボトムアップ調査、外部事例比較、フレームワークによるトップダウン分析で問題発見する。	それぞれの問題を掘り下げて要素分解し、内容を具体化、解決すべき課題を抽出する。	それぞれの課題を俯瞰して共通点を括り、問題を引き起こしている真因を特定する。	真因を解決するための改善テーマを定義し、改善テーマを効果的に解決するための施策を立案する。	評価観点（改善効果・影響範囲など）から各施策の優先順位づけを行う。	優先順位づけにもとづき活動計画を決める。

問題解決のストーリーとツール一覧

問題分析から課題解決までの流れをスムーズに進めるには、どのタイミングで何を整理するべきか理解する必要があります。それらを**問題解決フレームワーク**としてまとめました（図3-3）。

図3-3 問題解決フレームワーク

問題分析

問題発見

ヒアリングによるボトムアップ調査、外部事例比較、フレームワークによるトップダウン分析で問題発見する。

課題抽出

それぞれの問題を掘り下げて要素分解し、内容を具体化、解決すべき課題を抽出する。

真因特定

それぞれの課題を俯瞰して共通点を括り、問題を引き起こしている真因を特定する。

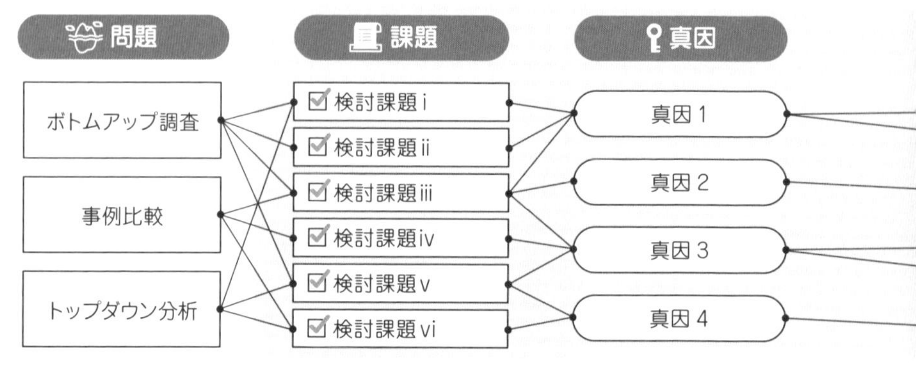

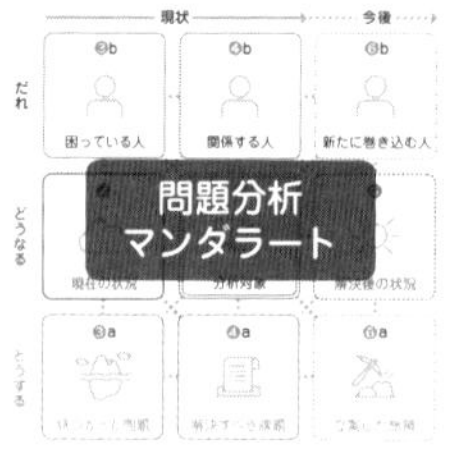

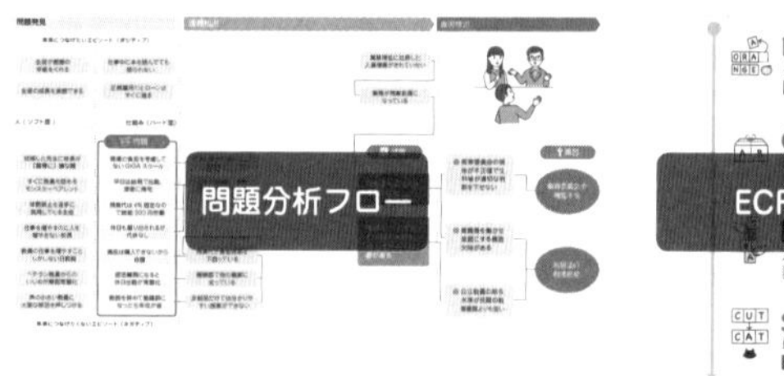

ECRS

Eliminate 排除

Combine

Rearrange 入れ替え

Simplify 単純化

問題解決で用いるツールは７個あります。「**問題分析マンダラート**」は、問題点と解決方針を大まかに把握するために用います。「**問題分析フロー**」はより精緻に問題と課題の関係を整理して真因を示すのに役立ちます。「**ECRS（イクルス）**」は改善点を見つけるために、「**SCAMPER（スキャンパー）**」は新しいアイデアを見つけるために活用します。「**施策優先度マトリクス**」で優先着手する施策を決め、「**ビジネスケース**」で費用対効果を算出したら、「**ロードマップ**」でスケジュールをつくります。

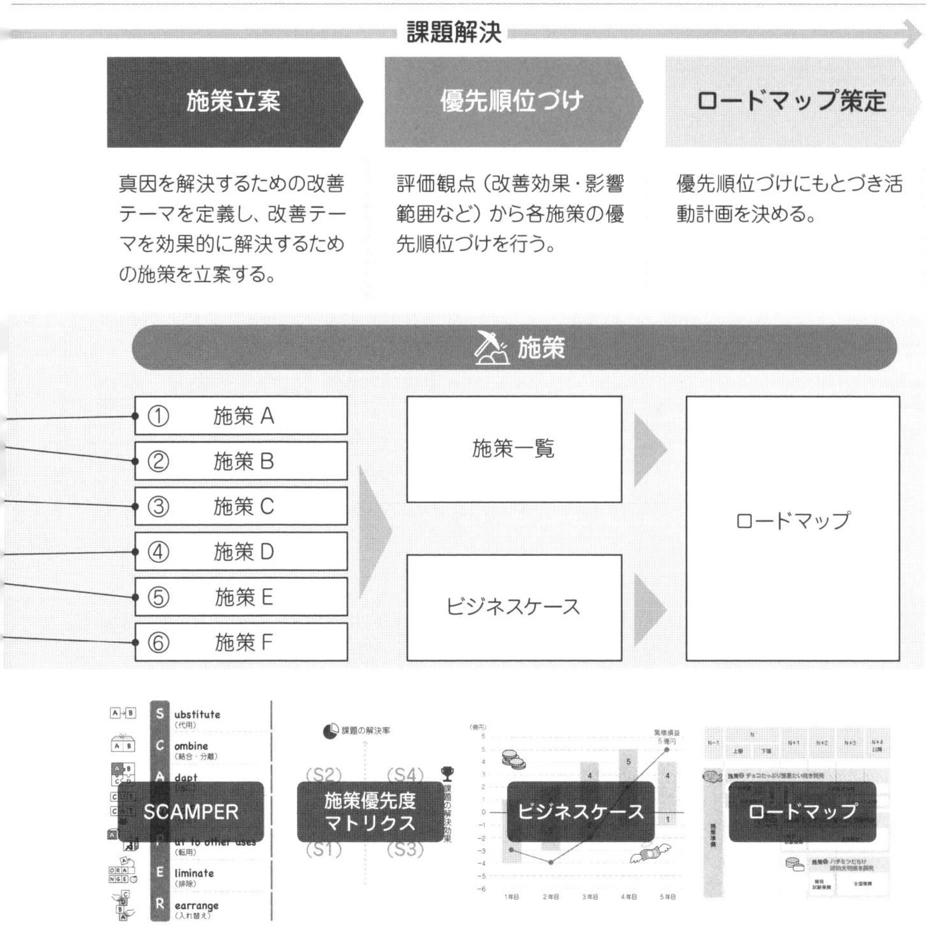

課題解決

施策立案
真因を解決するための改善テーマを定義し、改善テーマを効果的に解決するための施策を立案する。

優先順位づけ
評価観点（改善効果・影響範囲など）から各施策の優先順位づけを行う。

ロードマップ策定
優先順位づけにもとづき活動計画を決める。

施策

①　施策 A
②　施策 B
③　施策 C
④　施策 D
⑤　施策 E
⑥　施策 F

施策一覧
ビジネスケース
ロードマップ

SCAMPER
Substitute（代用）
Combine（結合・分離）
Adapt
Put to other uses（転用）
Eliminate（排除）
Rearrange（入れ替え）

施策優先度マトリクス
課題の解決率
課題の解決効果
(S1) (S2) (S3) (S4)

ビジネスケース

ロードマップ

参考：問題解決フレームワークの例

前述した問題解決フレームワークの中に描かれていた「問題」→「課題」→「施策」の流れについて、理解しやすいように具体的な内容を書き込んだものを例として示します（図3-4）。

図3-4 問題解決フレームワークの例

問題分析

問題発見
ヒアリングによるボトムアップ調査、外部事例比較、フレームワークによるトップダウン分析で問題発見する。

課題抽出
それぞれの問題を掘り下げて要素分解し、内容を具体化、解決すべき課題を抽出する。

真因特定
それぞれの課題を俯瞰して共通点を括り、問題を引き起こしている真因を特定する。

問題	課題	真因
開発したシステムの運用が複雑化する	☑適切なガイドラインが必要	標準ガイドラインの整備
Aプロジェクトでも Bプロジェクトでも稼働後システムはトラブル続き	☑運用スキルの高いリーダーが必要	ログメッセージの標準化
1か所に集約されるべき構成管理データベースが組織に散在している	☑ログ内容の構造化が必要	システム別対応ルールの整備
	☑イレギュラー処理をスムーズに対応する仕組みが必要	ベンダーの統合
	☑システムの可視化が必要	
	☑単一チームによる管理が必要	

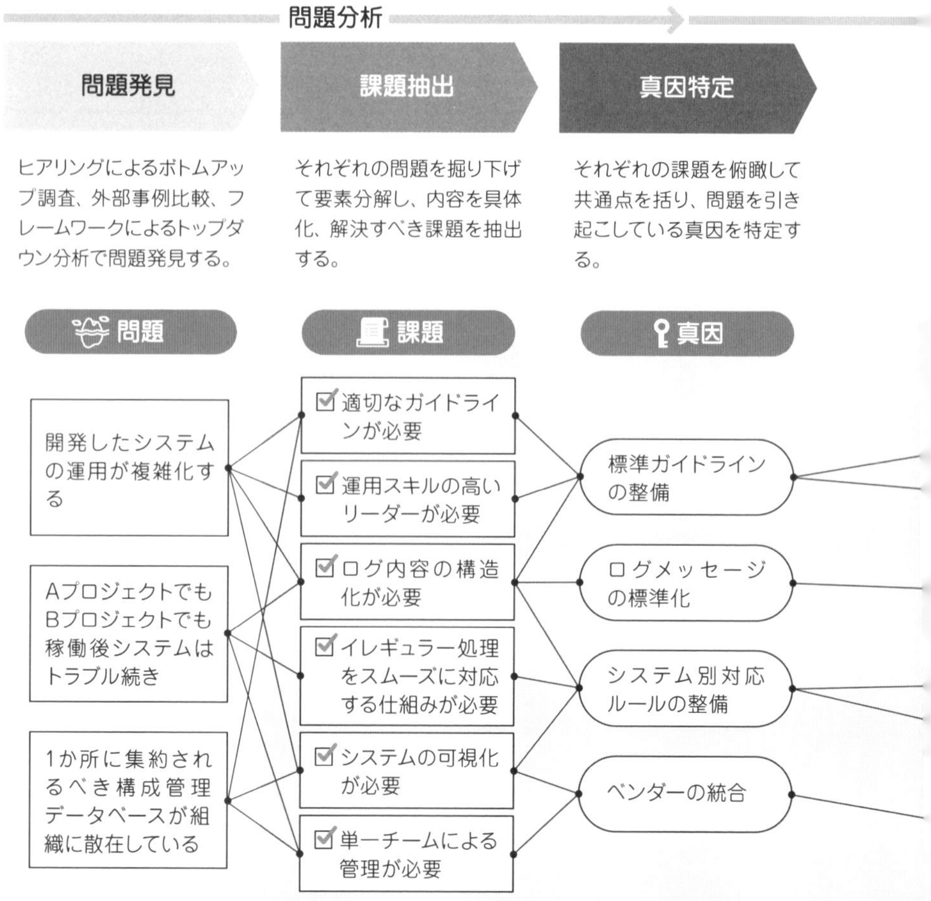

この例では、ある会社のITシステムについて、管理が煩雑になってトラブルが続いている状況を整理しています。発見した問題に対して「それはなぜか？」と原因分析したものが課題として抽出されています。課題をさらに「それはなぜか？」と掘り下げ、これ以上は共通化できないという粒度にまでしたものを真因として扱い、課題のグループ化と施策を立案する単位とします。施策には効果の大小にもとづく優先順位を決めるとともに、施策の前後関係を踏まえて、ロードマップを策定します。

課題解決

施策立案

真因を解決するための改善テーマを定義し、改善テーマを効果的に解決するための施策を立案する。

優先順位づけ

評価観点（改善効果・影響範囲など）から各施策の優先順位づけを行う。

ロードマップ策定

優先順位づけにもとづき活動計画を決める。

施策

① 運用設計チェックポイント設置

② ロール別要員スキル定義&育成

③ ログ出力機能改修

④ 構成管理DB統合

⑤ アラート検知ツール高度化

⑥ 運用ベンダー集約

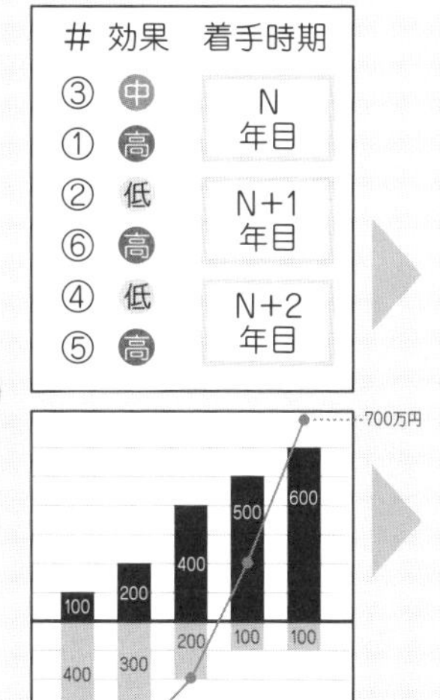

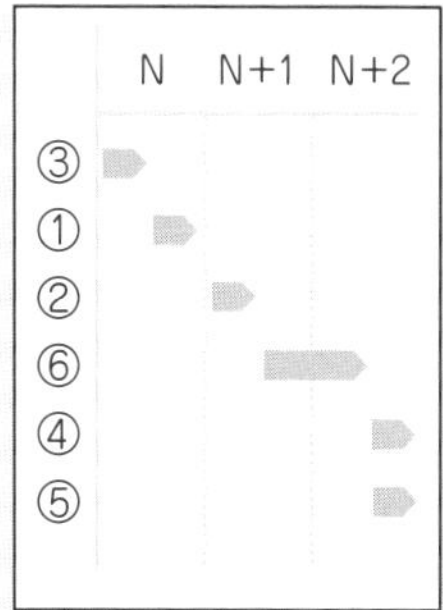

第2部

3-02 問題分析マンダラート

だれ×どうなる×どうする｜現在 vs 今後

問題分析と聞くと難しく考えてしまいがちですが、**シンプルに「困っていることをどうしたいのか書き出す」作業**だと考えてみましょう。むやみに書き出すのではなく、観点を決めて書き出すと網羅的に情報を列挙することができます。

１つ目は「**だれ**」の観点です。問題に困っている人、関係している人を見つけます。２つ目は「**どうなる**」の観点です。現在の状況を確認します。３つ目は「**どうする**」の観点です。見つかった問題、解決すべき課題を列挙します。

これらはすべて「**現状**」の話です。問題を解決したときの姿を思い浮かべ、さらに「**今後**」どうなりたいかを各観点に付け加えます。だれの観点では新たに巻き込む人、どうなるの観点では解決後の状況、どうするの観点では立案した施策を示します。

以上を１つにまとめて**端的に把握できる俯瞰図にしたものが問題分析マンダラート**です。図中には①～⑥bまで項番を振ってあります。この番号は、現状から今後を決めるのに自然に発想できる順番になっています。この順に各要素を決めていくとマンダラートを完成させやすいでしょう（図3-5)。

図 3-5　問題分析マンダラートの位置づけ

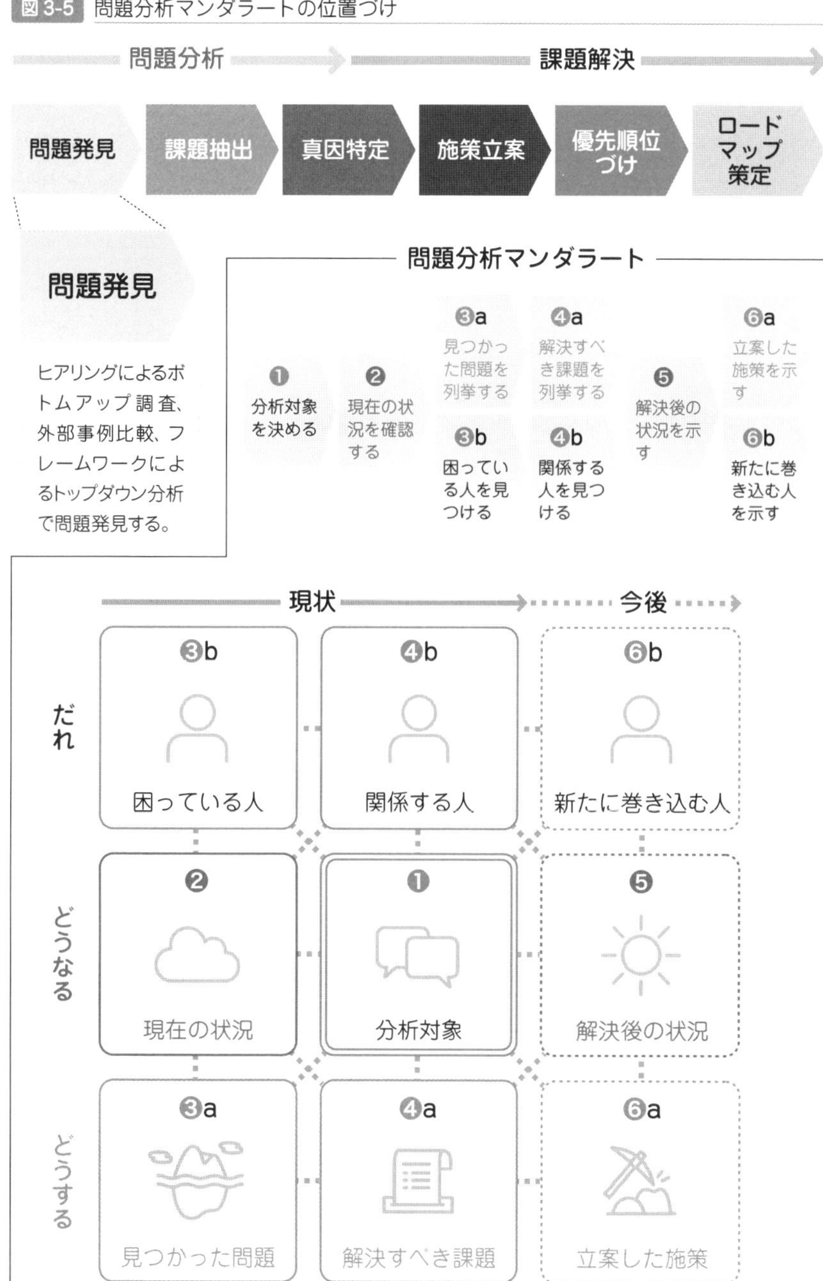

分析対象の決定

最初に分析対象を決めます。何を対象にするかは自由ですが、**内容を絞り込んだ方が具体的な内容を挙げやすくなり、問題分析マンダラートの各要素を埋めやすくなります。**

たとえば、「時代劇」とするよりも「時代劇の視聴率」の方が、どこに問題があるかを議論しやすくなりますよね。でもこれだとまだ足りません。もう一歩踏み込んで、何を目的として分析をするのか考えてみましょう。視聴率を上昇させたい理由は、その結果としてビジネス規模を増やすことであったとしましょう。すると「時代劇のビジネス規模」こそが分析対象としてふさわしいといえます（図3-6）。

図3-6 問題分析マンダラート：①-分析対象

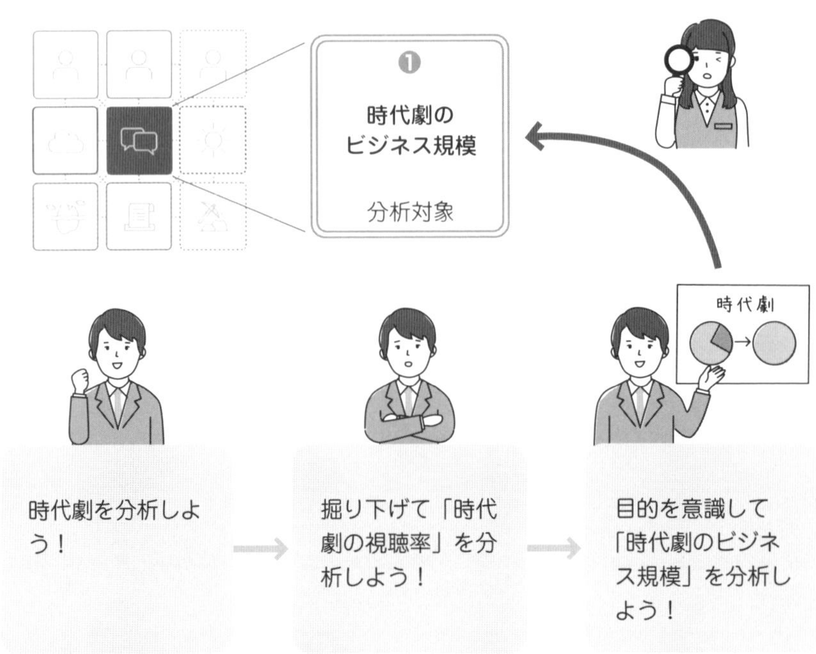

現在の状況を確認

ビジネス規模という視点で捉えると、時代劇に関する現在の状況はどのようになっているでしょうか。

かつては時代劇をテレビでよく見かけましたが、最近は地上波で放送される機会は少なく、BS放送に追いやられた感があります。CMも高齢者向けサービスに偏っており、地上波では見かけないものばかりです。以前よりも視聴率・番組数は減少し、番組スポンサーからの広告収入も減少の一途です。

視聴率と広告収益がビジネス規模を左右する大きな論点であると考え、その現状を明記することにします（図3-7）。

図3-7 問題分析マンダラート：②-現在の状況

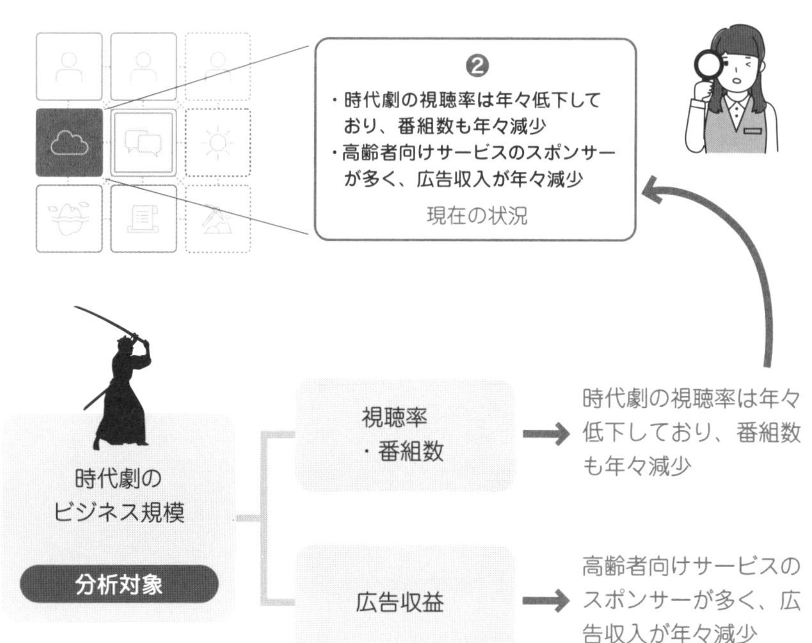

問題の発見

時代劇の視聴率が下がり、番組数も減っている状況はなぜ生じているのでしょうか。

それは、番組スポンサーの傾向からも明らかで、視聴者が高齢層に固定化されているからです。高齢層は保守的な番組づくりを望む傾向が高く、ワンパターンな勧善懲悪劇ばかりで新規層が寄り付かなくなっています。その結果、時代劇が斜陽コンテンツと見なされ、制作を担う若手人材が激減して技術の継承先が見つかりません。

これら「高齢化」「ワンパターン」「若手不足」は時代劇のビジネス規模を縮小させる問題点といえます（図3-8）。

図3-8 問題分析マンダラート：③a-見つかった問題

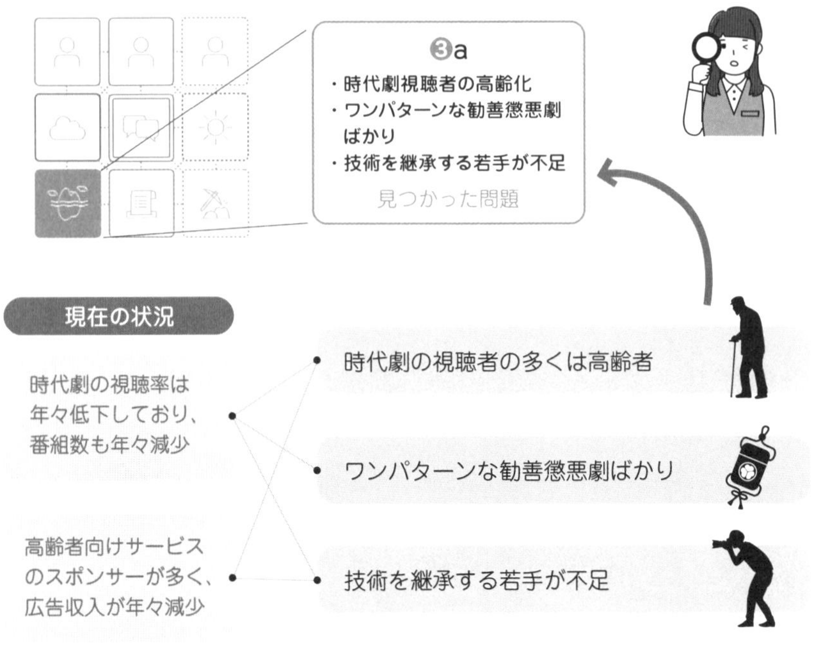

困っている人は誰か？

見つかった問題点の当事者、つまりこれを問題だと感じているのは誰でしょうか。

視聴者の高齢化と聞いて勘違いしてはいけないのは、30年後の高齢者も時代劇を見るようになるという意味では決してないということです。今の高齢者がいなくなったとき、時代劇の視聴者は存在しなくなります。視聴者がいなくなれば、それに携わるビジネス活動もなくなります。

つまり時代劇をビジネスにしている制作スタジオと撮影所、時代劇をメインに活躍する俳優は、この先不要になってしまうということで、困っている当事者といえます（図3-9）。

第1部 「整理」をする
第2部 「問題解決」をする
第3部 「仕事の最適化」をする

図3-9　問題分析マンダラート：③b-困っている人

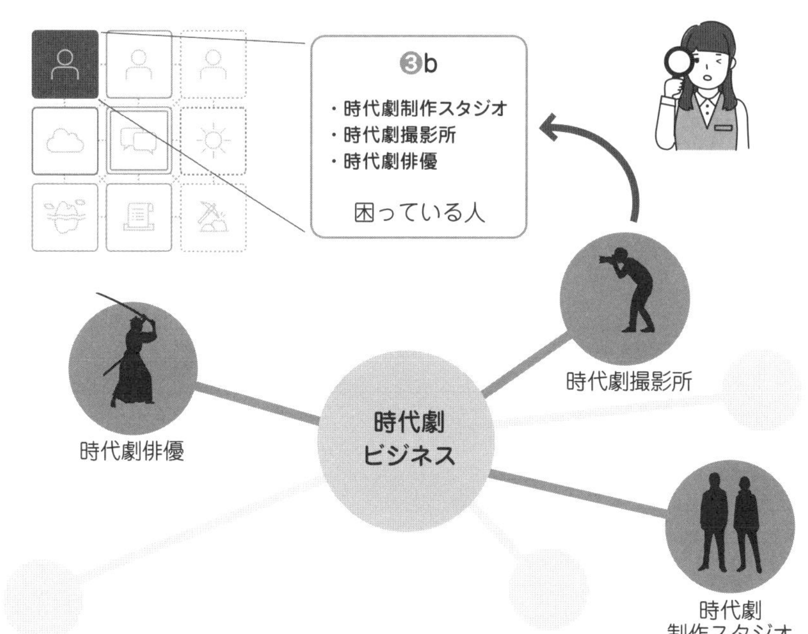

課題の抽出

時代劇のビジネス規模が「高齢化」「ワンパターン」「若手不足」によって損なわれていることは問題点として明らかにしました。ここではさらにその原因を掘り下げます。

視聴者高齢化は中年層・若年層が好むコンテンツを取り込めていないからですし、エンタメの質を高める工夫も必要です。たとえば、水戸黄門を見る若年層はほとんどいませんが、銀魂（時代劇風ギャグ漫画）は非常に人気があります。若手不足なのは、時代劇制作に携わっても将来に役立つ技術が身につかないからです。この業界で働きたい若手を増やすには、制作技術の最新化も必要です（図3-10）。

図3-10 問題分析マンダラート：④a-解決すべき課題

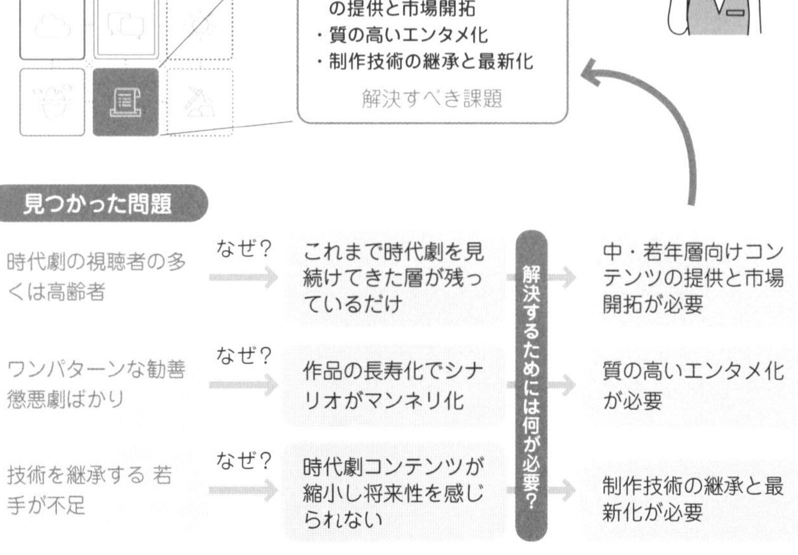

誰が関係者か？

さきほど困っている人（当事者）を確認しましたが、分析対象の問題から間接的に影響を受ける人（利害関係者）も識別しましょう。

時代劇ビジネスが衰退すると、時代劇ファンは新たな作品を楽しむことができなくなります。時代劇コンテンツは、江戸時代以前のカルチャーを知ってもらうのに役立っていました。そこから得た知識は他の伝統芸能コンテンツを楽しむ助けになっていましたが、その機会が失われることで伝統芸能界隈も規模の縮小に悩まされるでしょう。日本の歴史研究を志す人材が減ってしまうことも十分考えられます。こうした対象を利害関係者として含めてみます（図3-11）。

図3-11 問題分析マンダラート：④b-関係する人

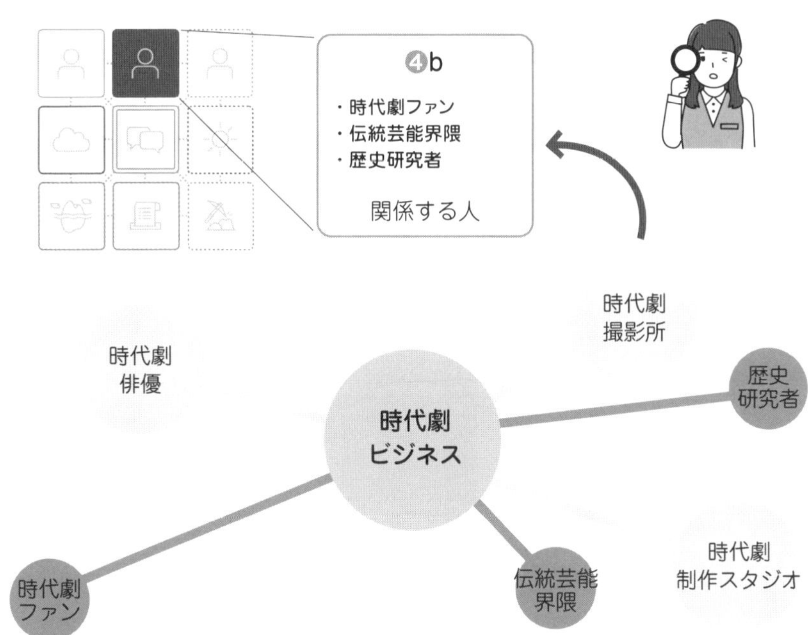

解決後のイメージ

時代劇のビジネス規模は縮小傾向にあることが、これまでの整理で分かっています。当然ながら、現状を変えた後の姿は、時代劇のビジネス規模を拡大させたいですね。

具体的には、全年齢層が時代劇コンテンツを視聴している状態にしましょう。衰退コンテンツではなくなっているのですから、若・中年層からも一定割合のファンがいるべきです。ビジネスとしても規模が年々増大しており、ヒットコンテンツを中心に関連ビジネスからも収益が生まれているでしょう。

以上の状態を問題が解決した後の状況（ゴール）とします（図3-12）。

図3-12 問題分析マンダラート：⑤-解決後の状況

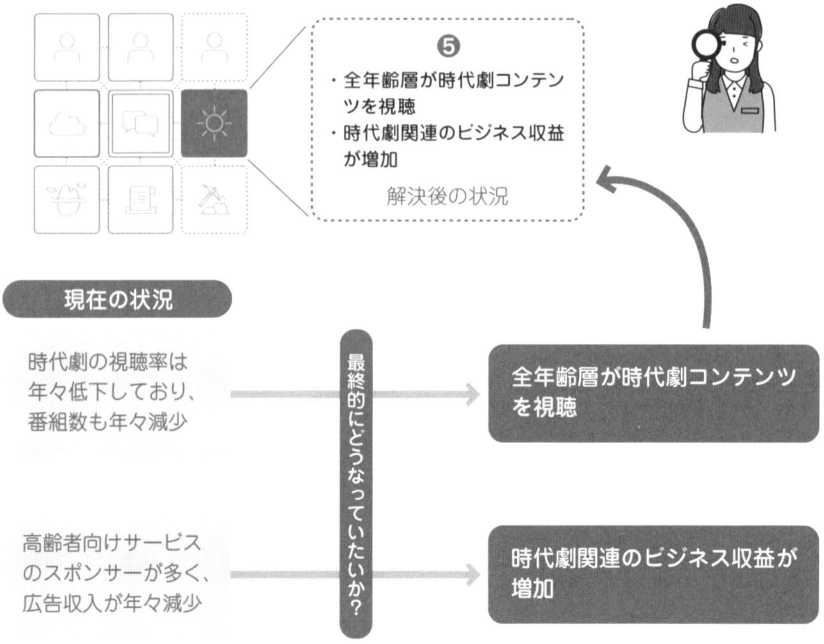

施策の方向性を連想

解決後の状況と解決すべき課題が見えてくれば、課題解決に有効な施策をイメージすることも難しくありません。ここでは、近年ヒットした時代劇系のコンテンツに学び、もっと多くの作品を生み出す構造をつくり出す施策を連想してみます（図3-13）。

直感的に施策の方向性を示すことができれば、問題分析マンダラートとして目的を十分に果たします。ここで整理した内容を「問題分析フロー」にインプットして、その後の詳細な問題分析・課題解決へつなげていきましょう。

図3-13　問題分析マンダラート：⑥a-施策の方向性

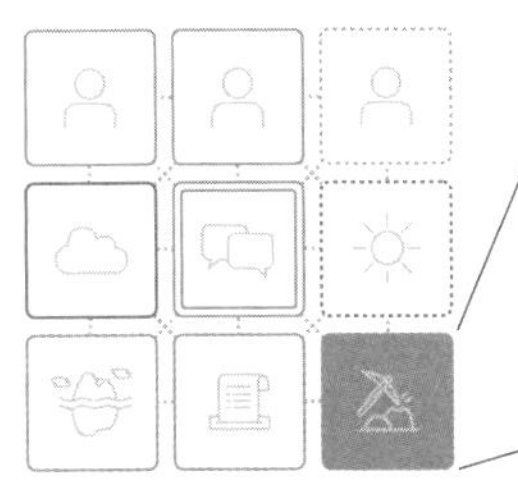

誰を巻き込むか？

最後に、施策実施によって問題の当事者と関係者に加えて、新たに誰を巻き込むことになるかを整理します。

前述した施策の方向性では、新たにターゲットにした中・若年層を巻き込んでいきます。海外向けの展開を考えているため、海外ファンも増やすことになります。エンタメ的な展開を拡充するのに、すでにあるエンタメ業界を巻き込んでいくことも考えたいです（図3-14）。

これで問題分析マンダラートの９つの要素が記入され、分析対象の問題解決アプローチを端的に把握できるようになりました（図3-15）。

図3-14 問題分析マンダラート：⑥b-新たに巻き込む人

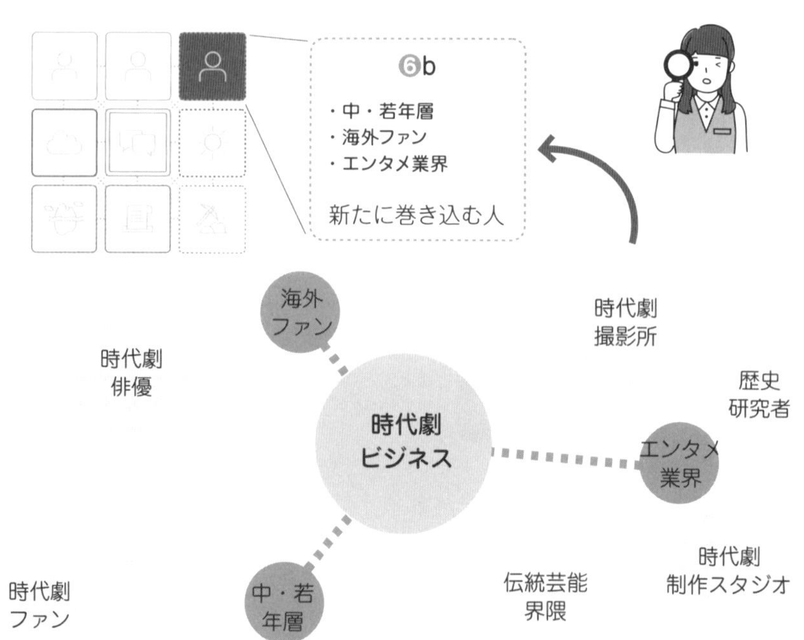

図3-15 問題分析マンダラートの記入結果（時代劇ビジネス）

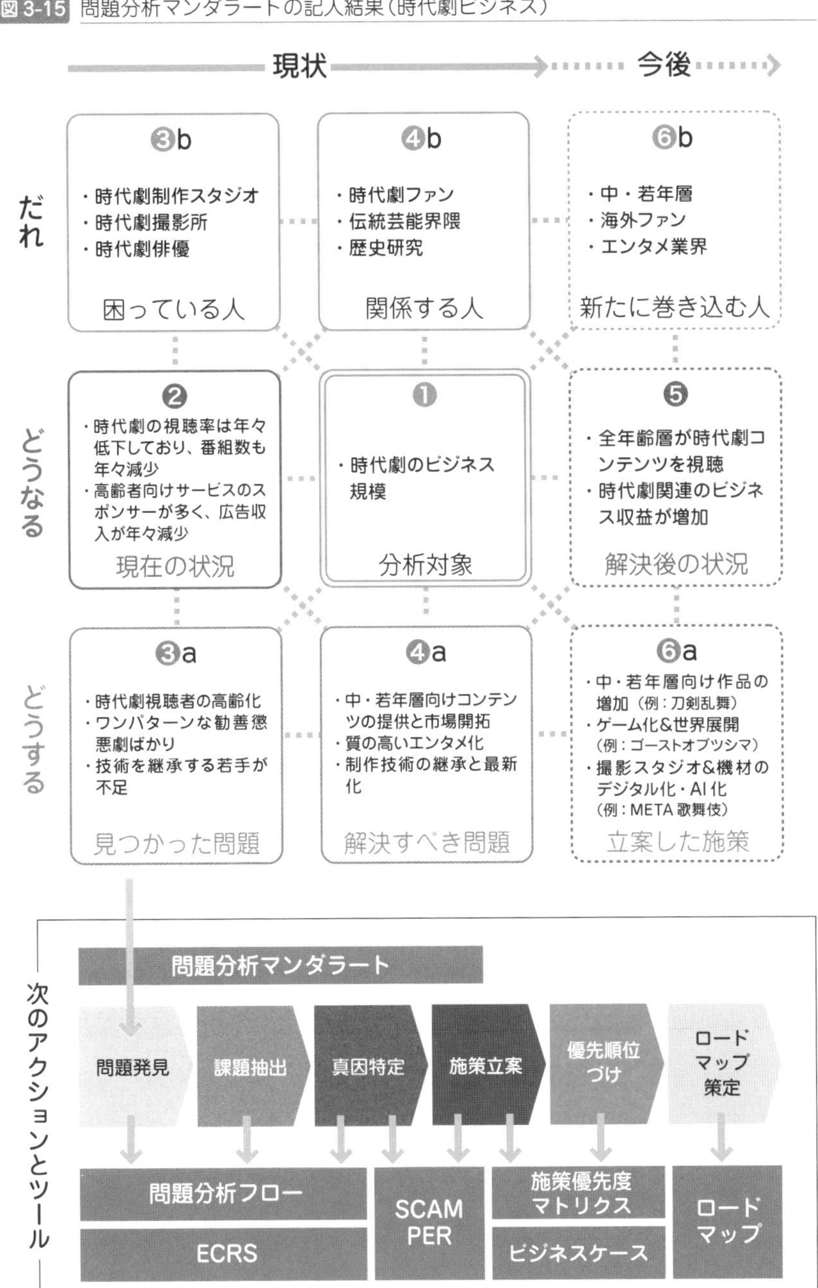

第2部

3-03 問題分析フロー

問題分析の解像度UP

問題分析マンダラートで問題解決（問題分析＋課題解決）までのストーリーを大まかに描くことができたら、さらに踏み込んだ分析に取り掛かりましょう。問題発見ステップから真因特定ステップまでに焦点を当て、問題→課題→真因のつながりを**問題分析フロー**にまとめます（図3-16）。

問題発見ステップでは、現場（一次情報ソース）から事実を確認するための**❶ボトムアップ調査**、外部・他社事例を集めて現場と照らし合わせて改善が必要だと思われる部分を見つける**❷事例比較**、業界団体が定義したり一般的に用いられているフレームワークと照らして改善すべき点を探す**❸トップダウン分析**を用います。

課題抽出ステップでは、なぜそうなっているかを繰り返し質問する「**なぜ分析**」と内容を掘り下げる「**だから分析**」により、問題の中に埋もれている課題（改善が必要な点）を掘り当てます。

真因特定ステップでは、個々の課題に対する「なぜ分析」を行い、その答えを抽象化する「**つまり変換**」を行い、最終的にワンフレーズで表現できた答えを真因として扱います。

この節では、文部科学省が企画した「#教師のバトン」プロジェクトを使って、問題分析フローの使い方を解説します。

図 3-16　問題分析フローの位置づけ

問題分析 → 課題解決 →

問題発見 → 課題抽出 → 真因特定 → 施策立案 → 優先順位づけ → ロードマップ策定

問題発見	課題抽出	真因特定
ヒアリングによるボトムアップ調査、外部事例比較、フレームワークによるトップダウン分析で問題発見する。	それぞれの問題を掘り下げて要素分解し、内容を具体化、解決すべき課題を抽出する。	それぞれの課題を俯瞰して共通点を括り、問題を引き起こしている真因を特定する。

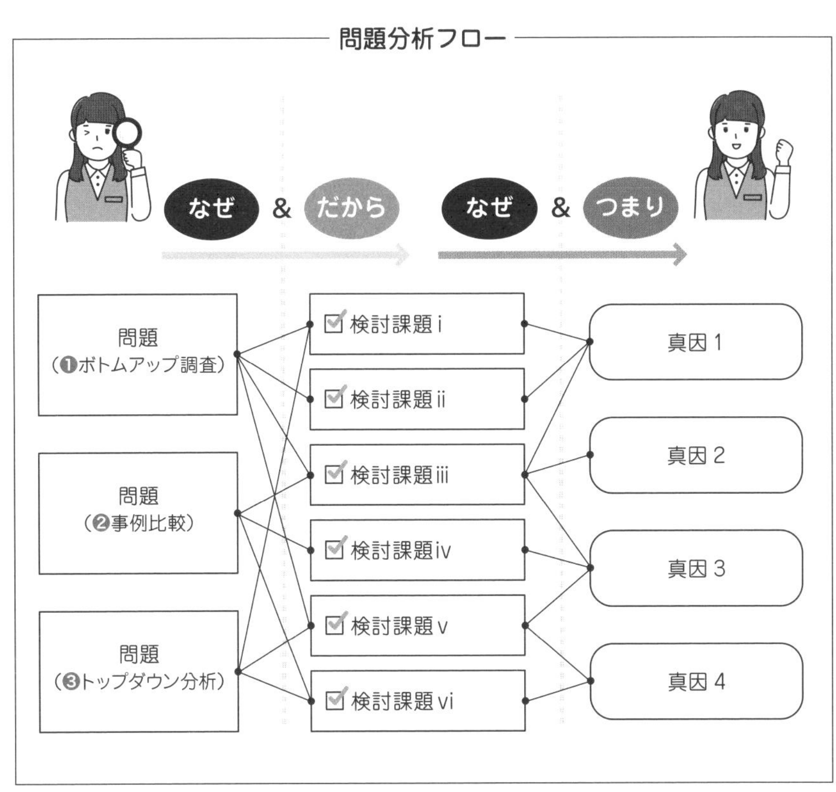

問題のグループ化

文部科学省が企画した「#教師のバトン」プロジェクトは、教師のやりがいを周知することを目的としたものでしたが、寄せられたエピソードにはポジティブなものだけではありませんでした。

図 3-17 問題分析フロー：問題発見

「# 教師のバトン」プロジェクト

現場で日々奮闘する現職の教師、また、教職を目指す学生や社会人に向けて、学校での働き方改革や新しい教育実践の事例、学校にまつわる日常のエピソードなどを、Twitter 等でシェアする文部科学省主催の企画。

寄せられたエピソード

残業代は 4% 固定なので時給 300 円労働	体罰禁止を逆手に挑発してくる生徒
休日も駆り出されるが代休なし	生徒が感謝の手紙をくれる
仕事中に本を読んでても怒られない	妊娠した先生に校長が「露骨に」嫌な顔
正規雇用だとローンはすぐに通る	すぐに教員を詰めるモンスターペアレント
現場の負担を考慮してない GIGA スクール	生徒の成長を実感できる
備品は購入できないから自腹	仕事を増やすのに人を増やさない校長
平日は始発で出勤、深夜に帰宅	教員の仕事を増やすことしかしない日教組
部活顧問になると休日出勤が常態化	ベテラン教員からのいじめが黙認常態化
教師を辞めて塾講師になったら年収が倍	声の小さい教員に大変な部活を押しつける

ここでは18個のエピソードを取り上げます。この中から問題を発見することにしましょう。

分類の基本は２軸思考です。ポジティブなものとネガティブなものに分けると、自然と後者に問題が集まります。また、ソフト面とハード面に分けると対人改善系の施策と制度改善系の施策をグループ化しやすくなります。解説をシンプルにするために、今回はネガティブ×ハード面に分類されたものを問題として扱うことにします（**図3-17**）。

人（ソフト面）

- 生徒が感謝の手紙をくれる
- 生徒の成長を実感できる

仕組み（ハード面）

- 仕事中に本を読んでても怒られない
- 正規雇用だとローンはすぐに通る

問題

人（ソフト面）

- 妊娠した先生に校長が「露骨に」嫌な顔
- すぐに教員を詰めるモンスターペアレント
- 体罰禁止を逆手に挑発してくる生徒
- 仕事を増やすのに人を増やさない校長
- 教員の仕事を増やすことしかしない日教組
- ベテラン教員からのいじめが黙認常態化
- 声の小さい教員に大変な部活を押しつける

仕組み（ハード面）

- 現場の負担を考慮してないGIGAスクール
- 平日は始発で出勤、深夜に帰宅
- 残業代は4%固定なので時給300円労働
- 休日も駆り出されるが代休なし
- 備品は購入できないから自腹
- 部活顧問になると休日出勤が常態化
- 教師を辞めて塾講師になったら年収が倍

未来につなげたくないエピソード（ネガティブ）

問題の掘り下げによる課題抽出

ハード面×ネガティブに該当する問題にターゲットを絞りました。ここからは**「なぜ分析」**と**「だから分析」を組み合わせて課題を抽出**していきます。

最初に、すべての問題に対して「なぜその問題が起きているか？」と問いかけてみます。いくつかの問題は似た回答が得られるでしょう。それらは1つにまとめます。

図3-18 問題分析フロー：課題抽出（ハード面×ネガティブ）

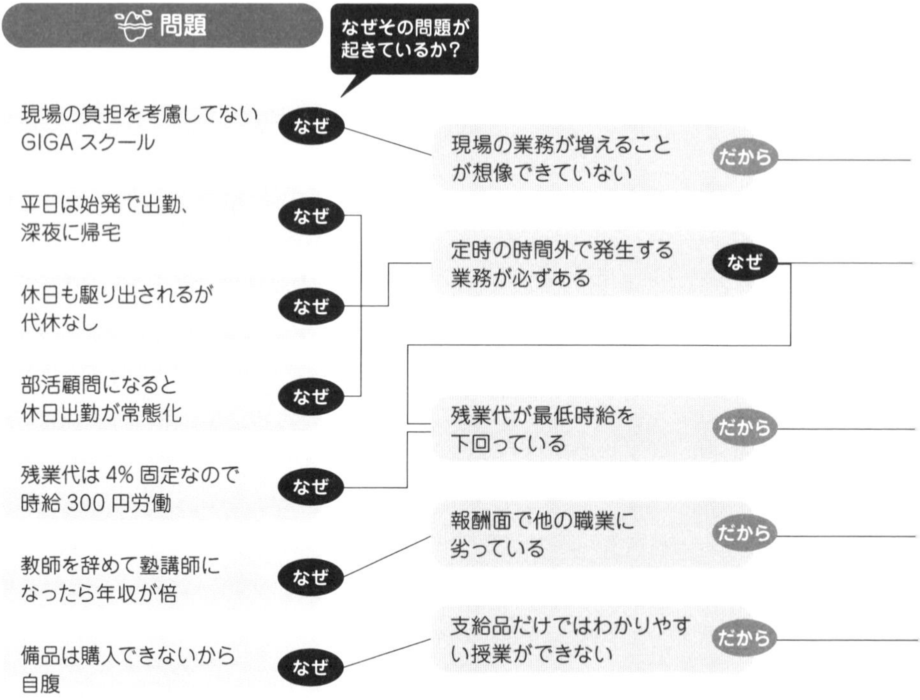

「なぜ？」の問いかけでうまく答えが出ないものは、「だから何なのか？」と問いかけると本質的な内容に言い換えることができ、「なぜ？」の質問に回答できるようになります。何度か掘り下げ、**「〜をする必要がある」と言い換えて内容に具体性が感じられるようになったら、それを課題として扱います。**

今回の例では、１段階目の問いで具体性が示せなかったものに追加で「なぜ？」と掘り下げることで、最終的に「残業量を抑制する必要がある」ことと「経費ルールを含めて他職と遜色ない給与水準にする必要がある」ことを課題として抽出できました（図3-18）。

第1部「整理」をする
第2部「問題解決」をする
第3部「仕事の最適化」をする

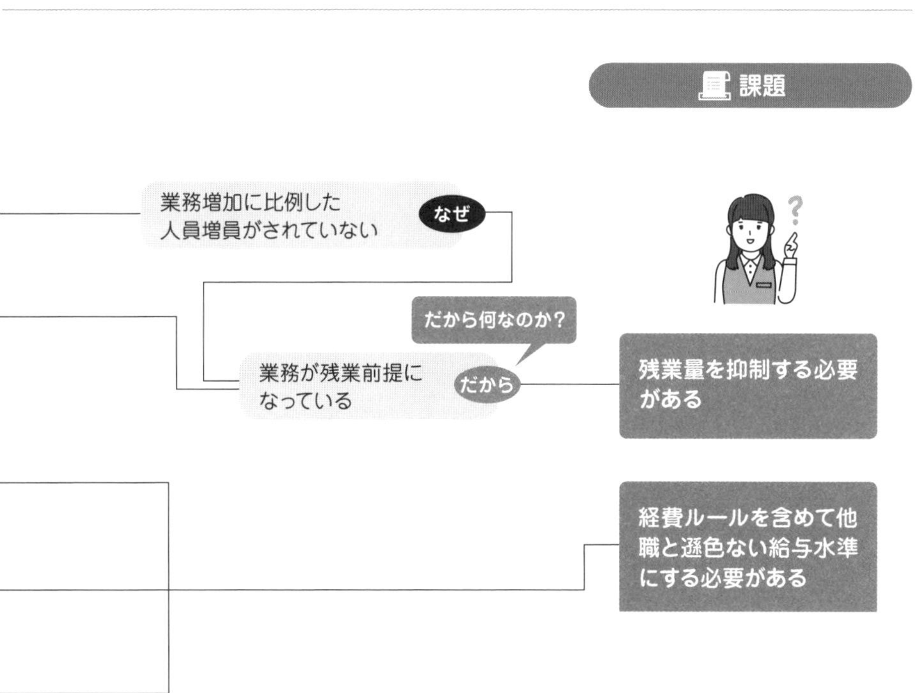

ワンフレーズで真因を表現

抽出した課題はすべて「〜する必要がある」というかたちでまとめることができています。しかし、個々の課題を解決するアクションを考えてしまうと、同じようなことを別々に行ってしまったり、ちぐはぐな解決策を立案してしまう可能性が高まります。これを避けるために、課題に対して「なぜその課題が起きているか？」となぜ分析を行います。

課題に対するなぜ分析の結果は、課題の具体性を深掘りすることになります。**なぜ分析で得られた内容に対して、その背景に潜む共通要因を括り出すことが真因特定になります。**

共通要因の括り出しには「つまりどういうことか？」と内容を言い換えるつまり変換が有効です。個々の課題をなぜ分析で深掘りして得た答えはそれぞれ具体的な点が含まれていることが多く、そのままでは共通点として扱えません。そこで、**つまり変換を用いることで、他の課題の分析結果と融合させやすい抽象化された内容に変換します**。これは一段階上の階層の視点で表すということから、メタ化する／丸めると表現することもあります。

今回の例にあてはめると、「残業量を抑制する必要がある」という課題を深掘りして、❶「教育委員会の報告が不正確なために文部科学省が適切な判断を下せない状態にあった」と分析しました。また、❷「教職員を働かせ放題にする構造欠陥がある」ことも示しています。

一方、「経費ルールを含めて他職と遜色ない給与水準にする必要がある」という課題は深掘りによって、❸「公立教員の給与水準が民間の教育機関よりも安い」ことが背景にあると分析しました。

最後にこれら分析結果をつまり変換でワンフレーズ化してみましょう。

❶は教育委員会が機能していないことを述べているので、「教育委員会の機能不全」という見出しが分かりやすいでしょう。

❷と❸はいずれも教職員の給与に関する制度（通称、給特法）が現代に適さなくなっていることを表しています。「給特法の制度破綻」と抽象的に表現することで、２つを１つにまとめることができました（図3-19）。

真因は、課題をグループ化する見出しだと捉えてください。**真因を特定することで、多くの課題をシンプルに捉えることができますし、今後のステップで扱う施策のグループ化にもそのまま使います。**

図 3-19　問題分析フロー：真因特定

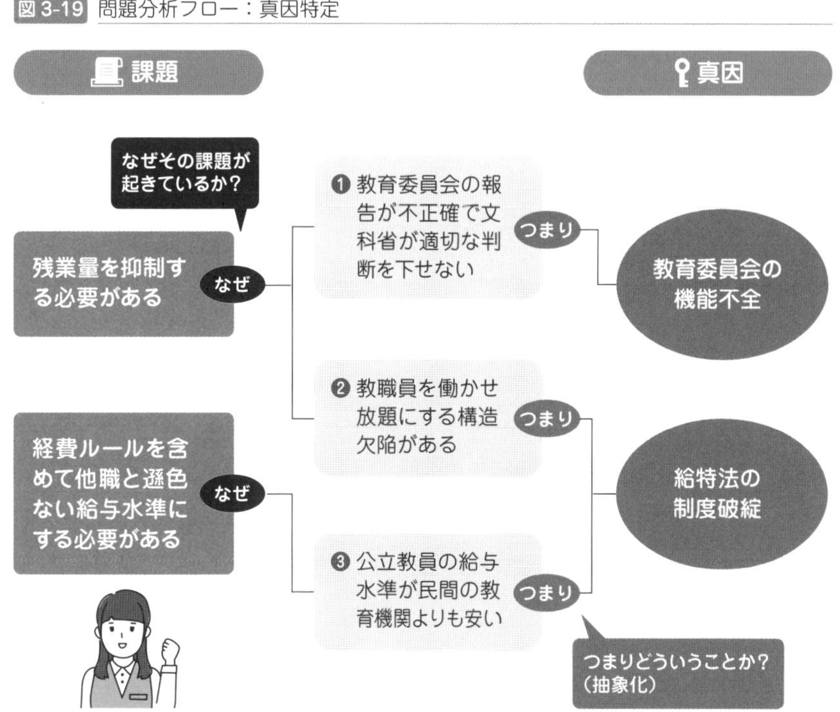

参考：問題分析フローの俯瞰図

図 3-20 問題分析フロー（俯瞰図）

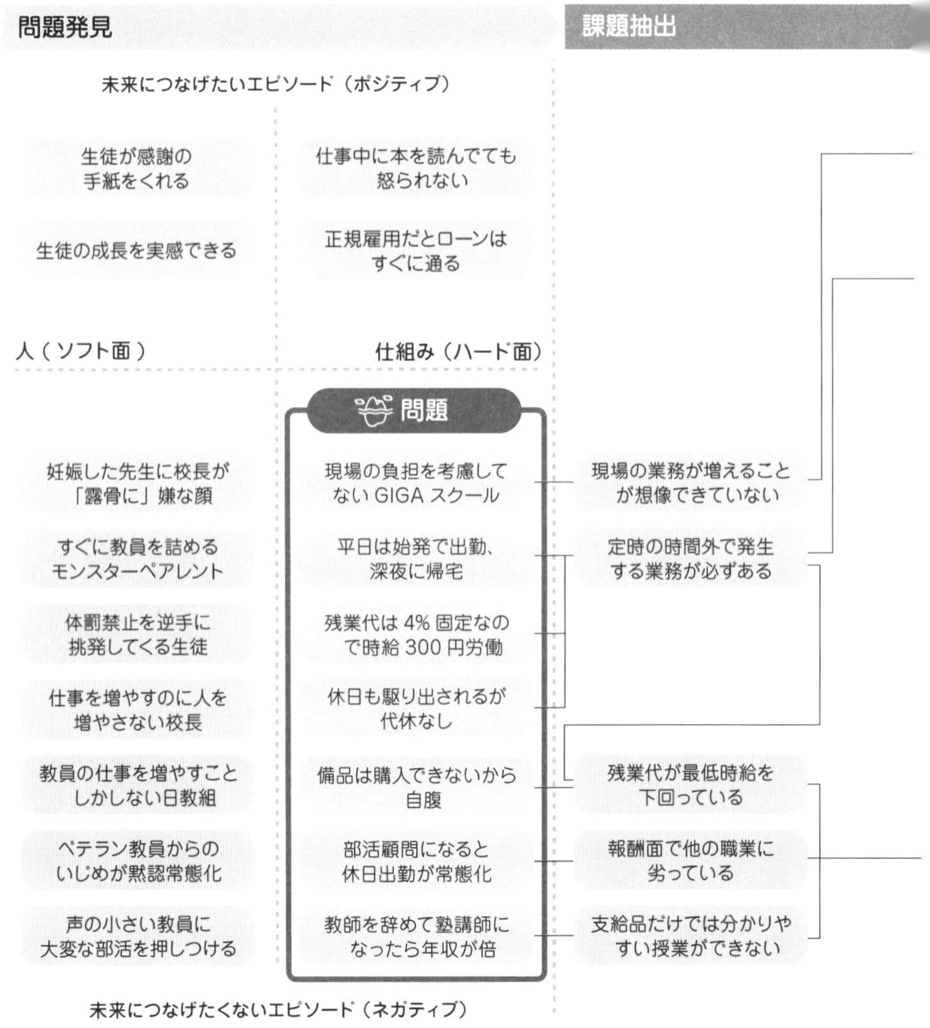

問題発見

未来につなげたいエピソード（ポジティブ）

人（ソフト面）	仕組み（ハード面）
生徒が感謝の手紙をくれる	仕事中に本を読んでても怒られない
生徒の成長を実感できる	正規雇用だとローンはすぐに通る

人（ソフト面）	問題
妊娠した先生に校長が「露骨に」嫌な顔	現場の負担を考慮してないGIGAスクール
すぐに教員を詰めるモンスターペアレント	平日は始発で出勤、深夜に帰宅
体罰禁止を逆手に挑発してくる生徒	残業代は4%固定なので時給300円労働
仕事を増やすのに人を増やさない校長	休日も駆り出されるが代休なし
教員の仕事を増やすことしかしない日教組	備品は購入できないから自腹
ベテラン教員からのいじめが黙認常態化	部活顧問になると休日出勤が常態化
声の小さい教員に大変な部活を押しつける	教師を辞めて塾講師になったら年収が倍

未来につなげたくないエピソード（ネガティブ）

課題抽出

- 現場の業務が増えることが想像できていない
- 定時の時間外で発生する業務が必ずある
- 残業代が最低時給を下回っている
- 報酬面で他の職業に劣っている
- 支給品だけでは分かりやすい授業ができない

この節で扱った「＃教師のバトン」プロジェクトの問題発見、課題抽出、真因特定を問題分析フローでまとめました。ノート上で大まかな流れを整理してからPC上でつながりを試行錯誤しましょう（図3-20）。

第2部

3-04 ECRS／SCAMPER

課題と施策の網羅性チェック

問題分析フローで可視化した課題と真因をもとに、網羅的に施策を立案しましょう。そのためには、そもそも課題と真因が網羅的に列挙されていることが必要です。

網羅的に課題・真因・施策を扱うには、**ECRS（イクルス）／SCAMPER（スキャンパー）**を利用します。どちらも作業の効率化や品質向上の余地を見つけるのに役立ちますが、SCAMPERはさらに新しい価値を見つけるのに有効です。

ECRSとは、Eliminate（排除）／Combine（結合・分離）／Rearrange（入れ替え）／Simplify（単純化）の４つの観点です。

SCAMPERとは、Substitute（代用）／Combine（結合・分離）／Adapt（適応）／Modify（修正）／Put to other users（転用）／Eliminate（排除）／Rearrange（入れ替え）の７つの観点です。

問題解決フレームワークのステップとしては、課題抽出→真因特定→施策立案の段階で用います（図3-21）。

図 3-21 ECRS／SCAMPERの位置づけ

問題分析 → 課題解決 →

問題発見 → 課題抽出 → 真因特定 → 施策立案 → 優先順位づけ → ロードマップ策定

課題抽出	真因特定	施策立案
それぞれの問題を掘り下げて要素分解し、内容を具体化、解決すべき課題を抽出する。	それぞれの課題を俯瞰して共通点を括り、問題を引き起こしている真因を特定する。	真因を解決するための改善テーマを定義し、改善テーマを効果的に解決するための施策を立案する。

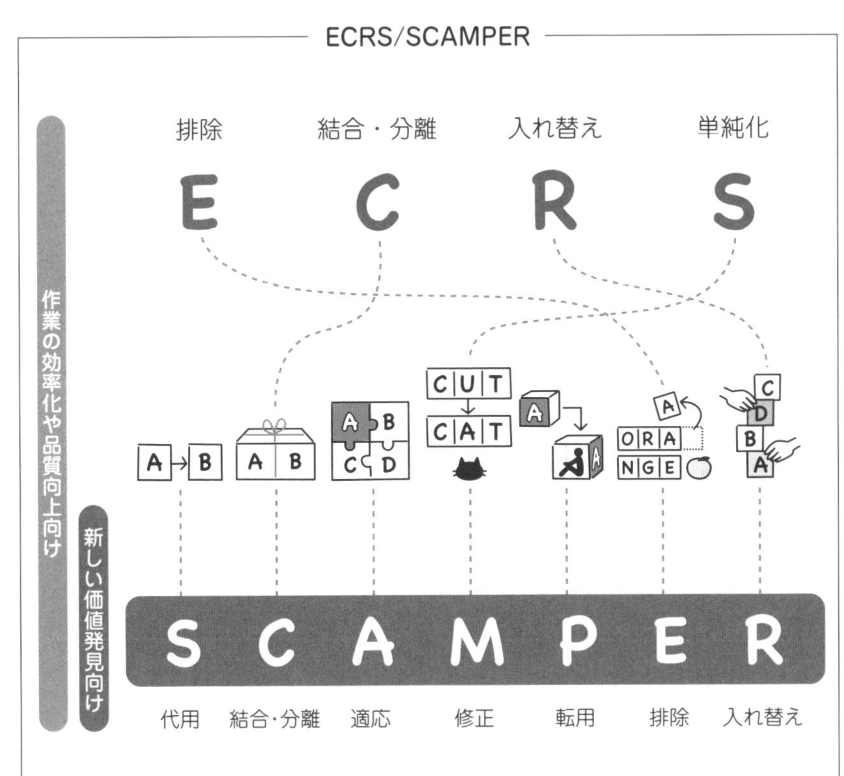

改善に特化した手法：ECRS

やみくもに課題解決のアプローチを考えても効率的ではありません。最初に考えなければいけないのは、列挙されている課題・真因は他にもないのかという点です。

せっかく課題解決を進めても、「新しい課題が見つかった、あのとき見つけていたら効率的に対処できたのに……」という経験はしたくありません。そうした後悔をしないために、MECEの観点で課題に網羅性があるかをチェックしましょう。

課題の網羅性をチェックするには、**ECRS（イクルス）**という分析手法を用います。**ECRSとは、Eliminate（排除）／Combine（結合・分離）／Rearrange（入れ替え）／Simplify（単純化）の４つの観点です**。これらの観点で改善箇所を探します。

Eliminateでは、作業をなくせるかチェックします。

Combineでは、ある作業を別の作業と同時に行う、もしくは別々に行うよう分離させて効率化できるかチェックします。

Rearrangeでは、作業順序を変えて効率余地をチェックします。

Simplifyでは、作業の手順を単純にしたり自動化することで効率化できるかチェックします（図3-22）。

図 3-22 ECRS（イクルス）

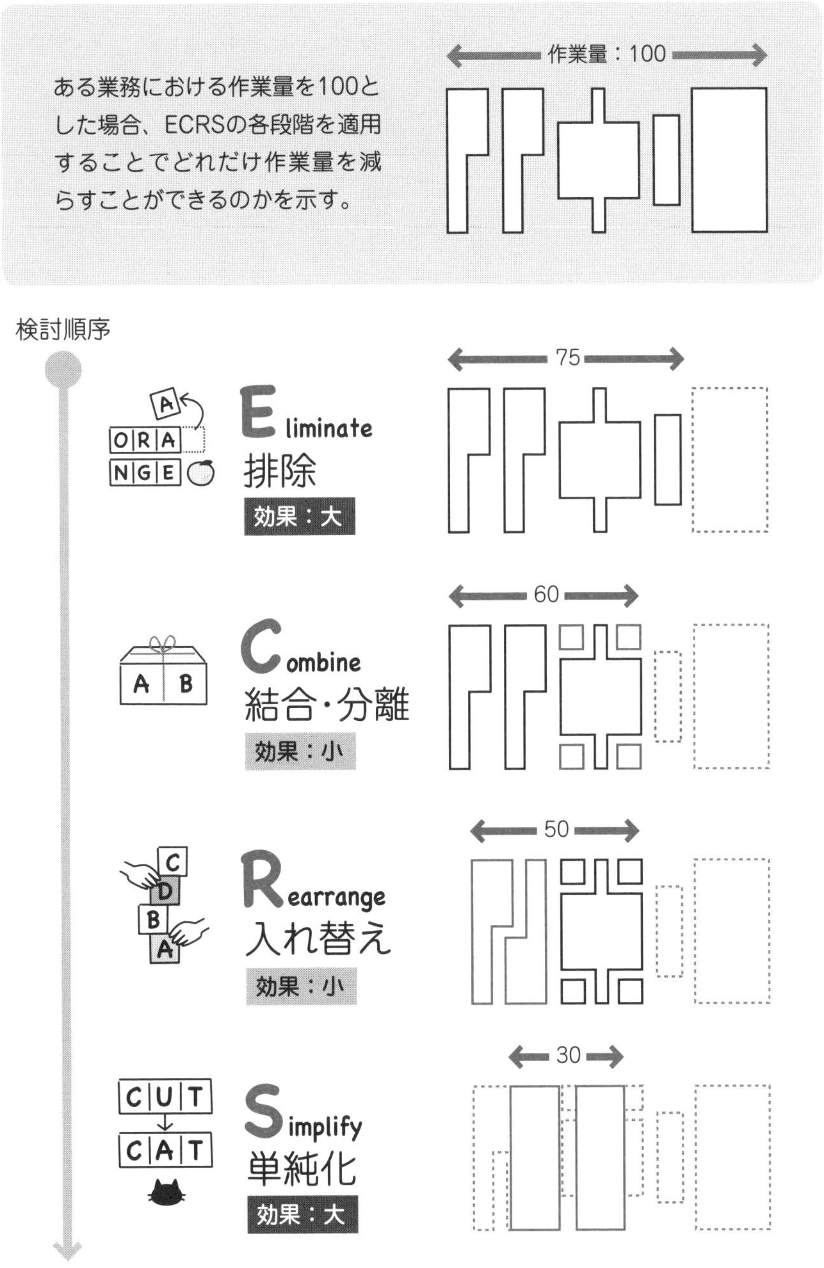

ある業務における作業量を100とした場合、ECRSの各段階を適用することでどれだけ作業量を減らすことができるのかを示す。

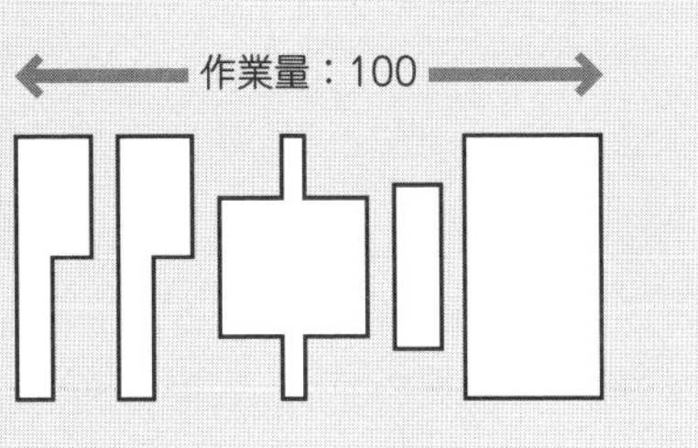

検討順序

Eliminate
排除
効果：大
75

Combine
結合・分離
効果：小
60

Rearrange
入れ替え
効果：小
50

Simplify
単純化
効果：大
30

 参考：ECRSのチェック観点細分化

最初にチェックするのは「やらなくてもよい作業はないか」という観点です。どんな工夫よりも、そもそも作業をしない、という選択が最も効率化に寄与します。

どうしてもやめることができない作業であれば、まとめて、もしくは小分けにやり過ぎて非効率になっていないかチェックしましょう。

図 3-23 ECRSのチェック観点細分化

ECRS	チェック観点
Eliminate 排除	やらなくてもよい作業がないか
Combine 結合・分離	似ている作業を別々にやっていないか
	特定の作業がボトルネックになっていないか
Rearrange 再配置	作業の順序が不適切ではないか
	担当者・担当部署が不適切な箇所がないか
Simplify 簡素化	内容を簡素にできないか
	システムで代替すべき作業がないか

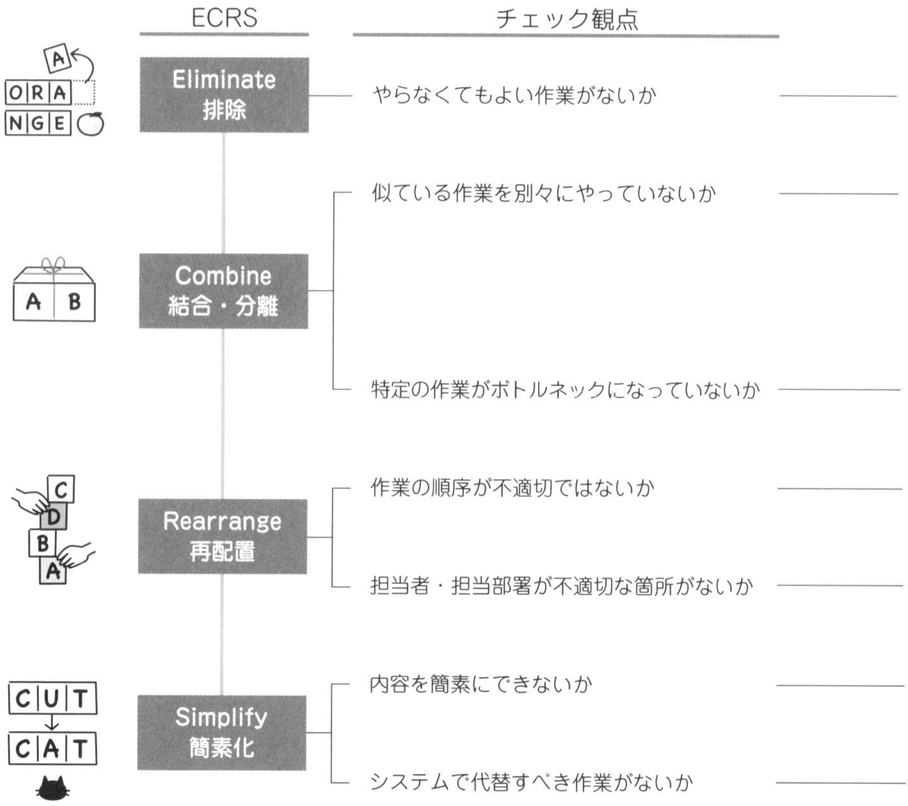

さらに、作業の順序や人の役割が適切であるかチェックします。作業のタイミングを変えると手戻りがなくなったり、得意な人に作業を任せることでさらに効率化できる可能性があります。

最後に、もっと簡素にできる方法を探します。手順をシンプルにするためには、インプット／アウトプットの種類を減らすだけではなく、システムに置き換えて自動化する観点も含めます（図3-23）。

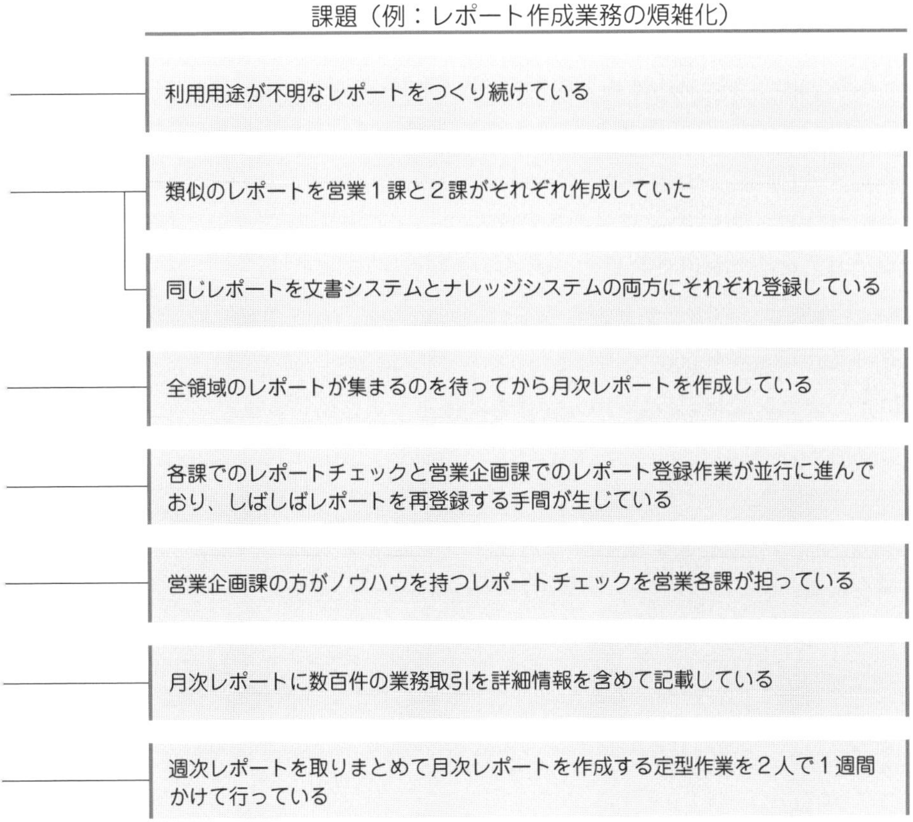

課題（例：レポート作成業務の煩雑化）

- 利用用途が不明なレポートをつくり続けている
- 類似のレポートを営業１課と２課がそれぞれ作成していた
- 同じレポートを文書システムとナレッジシステムの両方にそれぞれ登録している
- 全領域のレポートが集まるのを待ってから月次レポートを作成している
- 各課でのレポートチェックと営業企画課でのレポート登録作業が並行に進んでおり、しばしばレポートを再登録する手間が生じている
- 営業企画課の方がノウハウを持つレポートチェックを営業各課が担っている
- 月次レポートに数百件の業務取引を詳細情報を含めて記載している
- 週次レポートを取りまとめて月次レポートを作成する定型作業を２人で１週間かけて行っている

 アイデア拡張に特化した手法：SCAMPER

課題・真因の網羅性をチェックするのに役立つのがECRSでしたが、作業の効率化や品質向上に加えて、新しい価値（新規性・体験など）をもたらすアイデア・施策を考える必要があるなら、**SCAMPER（スキャンパー）**でチェックするとよいでしょう。

SCAMPERとは、Substitute（代用）／Combine（結合・分離）／Adapt（適応）／Modify（修正）／Put to other uses（転用）／Eliminate（排除）／Rearrange（入れ替え）の7つの観点です。これらの観点で新しいアイデアを発想します（図3-24）。

Substituteでは、別のものや役割に置き換えてチェックします。

Combineでは、あるものと別のものを一緒にする、もしくは別々にすることでより良くなるかチェックします。

Adaptでは、別の状況や事例でうまくいっているものを参考に、今の状況にあてはめたらどうなるかをチェックします。

Modifyでは、意味を変えたり形を変更したりすることで新しい価値が生まれるかチェックします。

Put to other usesでは、他の用途で使えるかチェックします。

Eliminateでは、部分的になくしたり、犠牲にすることで価値が高まるかチェックします。

Rearrangeでは、要素の順序やパターンを変えて有効に機能するかチェックします。

SCAMPERのM（Modify）はECRSのS（Simplify）を含みます。

SCAMPERを使っているなら、ECRSで分析し直す必要はありません。

図 3-24 SCAMPER（スキャンパー）

A → B

S ubstitute
（代用）

A | B

C ombine
（結合・分離）

A B C D

A dapt
（適応）

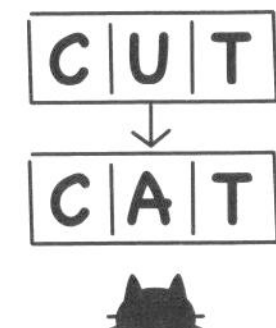

M odify
（修正）

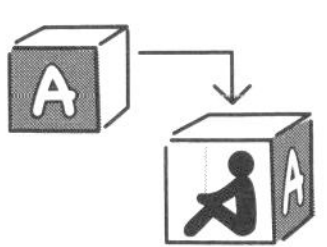

P ut to other uses
（転用）

E liminate
（排除）

R earrange
（入れ替え）

参考：SCAMPERのチェック観点細分化

図 3-25 SCAMPERのチェック観点細分化

S	**ubstitute**（代用）	
C	**ombine**（結合・分離）	
A	**dapt**（適応）	
M	**odify**（修正）	
P	**ut to other uses**（転用）	
E	**liminate**（排除）	
R	**earrange**（入れ替え）	

SCAMPERの７つの観点は48個の質問項目が定義されています。使いやすいよう、観点別に整理しました。各観点のチェックに迷うことがあれば、この内容を参考にしてみてください（図3-25）。

S1）代用可能な部分はどれか
S2）何を代わりに使うことができるか
S3）他に誰を含めることができるか
S4）他にどんなグループを含めることができるか
S5）代わりにどんなプロセスを使うことができるか
S6）代わりにどんなモノを使うことができるか

C1）何を組み合わせることができるか
C2）ブレンドすることはできるか
C3）どんな種類の組み合わせを使う・創ることができるか
C4）部分同士を組み合わせることができるか
C5）目的同士を組み合わせることができるか
C6）やり方を組み合わせることができるか
C7）モノ同士を組み合わせることができるか

A1）他のどのような考えを思い付かせるか
A2）何か他に似たものはないか
A3）過去に似た状況はないか

M1）ひねりを加えることができないか
M2）その意味あいを変えることができるか
M3）色や外形を変えることができるか
M4）音、騒音、音声を変えることができるか
M5）何を加えることができるか
M6）高さ・高度を増やせるか
M7）重さを増やせるか
M8）強度を増やせるか
M9）頻度を増やせるか
M10）価値を増やせるか
M11）何を減らすことができるか
M12）何を縮小することができるか
M13）何を簡素化することができるか
M14）控えめにできるのはどんな部分か
M15）サイズを小さくできるか
M16）重さを軽くできるか

P1）そのままで、何か他へ使えないか
P2）一部を変えて生まれる他の用途は何か
P3）他にどんなマーケットが受け入れるか

E1）何を、取り除く・省略することができるか
E2）ある部分がないとき、どうやって実行するか
E3）何を犠牲にできるか
E4）あげてしまえるものは、何か

R1）他に、どんなパターンが使えるか
R2）他に、どんな配置が使えるか
R3）他に、どんなレイアウトが使えるか
R4）何を交換できるか
R5）何を置換できるか。言い換えられるか
R6）何を、再結合できるか
R7）逆にしたらどうなるか
R8）上下逆さまにしたらどうなるか
R9）内外を裏返したらどうなるか

極端な条件による仮説検証

ECRS／SCAMPERで課題・真因・施策の網羅性をチェックすることは重要ですが、施策の有効性を評価するときに必ず実践してほしいのが**「極端な条件で施策の実行結果を考えてみる」**ことです。

図3-26 極端な条件による仮説検証の例

例

・2020年2月、新型コロナウイルスが世界中で蔓延し始めた。

・世界中で渡航制限が検討され始めており、都市間の移動禁止（ロックダウン）や外出自粛が広がり始めている。

・致死率と感染率の高いこの病に特効薬はなく、症状が治まるのを待つしかない。

論点

A社は国内・海外旅行者向けにWi-Fi機器の貸し出しビジネスを行っている。このビジネスの需要は当面のところ大幅減になるだろう。

どのような条件を想定して対応するのがよいか？

たとえば、新型コロナウイルスが蔓延したときの海外旅行者向けWi-Fi機器の貸し出しビジネスについて、施策の実施前提を検証してみます。

渡航制限が続くとWi-Fi機器を借りる人が激減するため、渡航制限の期間次第でビジネスへのインパクトが変わります。渡航制限が極端に長く続くとしたなら、このとき**ビジネス上のボトルネック（足を引っ張る点）がどこにあるか見えてきます**（図3-26）。

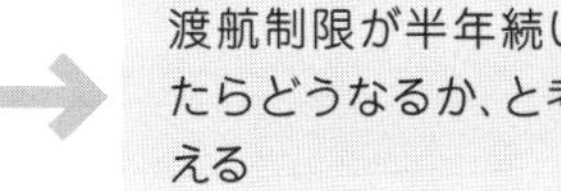
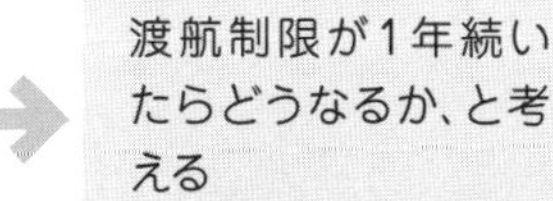
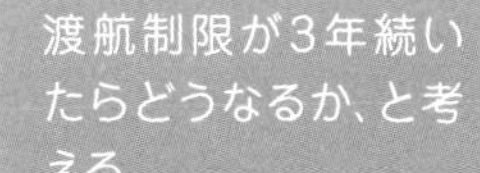
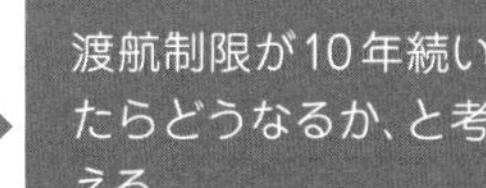

仮説検証点	検証結果	実現可能性
渡航制限が半年続いたらどうなるか、と考える	半年ならばキャッシュフローの悪化も許容範囲	**【確率：低】**超楽観ケース。状況悪化時の決断を先送りにするため、考えるだけ時間のムダ
渡航制限が1年続いたらどうなるか、と考える	1年ならば資産の減価償却期間を延ばしてしのぐ	**【確率：中】**現実的に考えたつもりの楽観ケース。運に頼る面が強く、検証のチャンスを有効に活用できていない
渡航制限が3年続いたらどうなるか、と考える	3年ならば一部の資産を手放してビジネス規模縮小で対応	**【確率：中】**過去に世界を席巻したスペイン風邪を想定した普通ケース。何がボトルネックになるか見え始める
渡航制限が10年続いたらどうなるか、と考える	現業が成り立たないため、渡航制限下でも成り立つ新たな業務を立ち上げる	**【確率：低】**超悲観ケース。あらゆるボトルネックが顕在化するため、多くのリスク対応策を立案するきっかけになる

第2部

3-05 優先度マトリクス

解決効果 × 解決率による分類

ECRS／SCAMPERで立案した施策は、課題解決の効果を定量的に表して優先度を判断できるようにします。課題の効果を定量評価する軸はいくつもありますが、**私が推奨するのは「解決効果」×「解決率」による2軸整理です**。これを**優先度マトリクス**と呼びます。

施策の実施が課題をすべて解決するとは限りません。「ユーザーからの問い合わせを減らす必要がある」という課題があったとして、問い合わせを0件にすることは困難ですが、特定の問い合わせはAIチャットボットが自動回答することはできそうです。このとき、AIチャットボット導入という施策は課題の何割かを解決します。これが課題の解決率です。

それぞれの施策は解決効果にも差があります。AIチャットボットを120万円で導入し、それでユーザー問い合わせ担当者が1名不要になれば、毎月160時間の作業量を別のことに費やせます。担当者のコストが月40万円なら3か月で元が取れますし、1年間で考えれば360万円（40万円×12ヵ月−120万円）のコスト削減になります。これが解決効果です。

施策は、解決率と解決効果の大小を評価して分類すると良いでしょう（図3-27）。

図 3-27 優先度マトリクスの位置づけ

問題分析 → 課題解決 →

問題発見 → 課題抽出 → 真因特定 → 施策立案 → 優先順位づけ → ロードマップ策定

施策立案

真因を解決するための改善テーマを定義し、改善テーマを効果的に解決するための施策を立案する。

優先順位づけ

評価観点（改善効果・影響範囲など）から各施策の優先順位づけを行う。

優先度マトリクス

課題の解決効果（効果の大きさ）と課題の解決率（課題に対する施策の解決割合）で施策を分類

（凡例）
S1：小さい課題に対し一部のみ解決する
S2：小さい課題に対し大部分を解決する
S3：大きい課題に対し一部のみ解決する
S4：大きい課題に対し大部分を解決する

(S2)	(S4)
(S1)	(S3)

縦軸：課題の解決率
横軸：課題の解決効果

 優先度マトリクスによる施策フォーカス

優先度マトリクスでは、次の**5領域に施策を分類**します。

❶ マネジメントが積極的に取り組むべき領域
❷ 現場メンバーが優先的に取り組むべき領域
❸ 検証を通じて解決率を高めていく領域
❹ 日常的な改善／クイックウィンに組み込む領域
❺ 余裕があれば取り組む領域

図 3-28 優先度マトリクス

課題の解決効果（効果の大きさ）と
課題の解決率（課題に対する施策の解決割合）で施策を分類

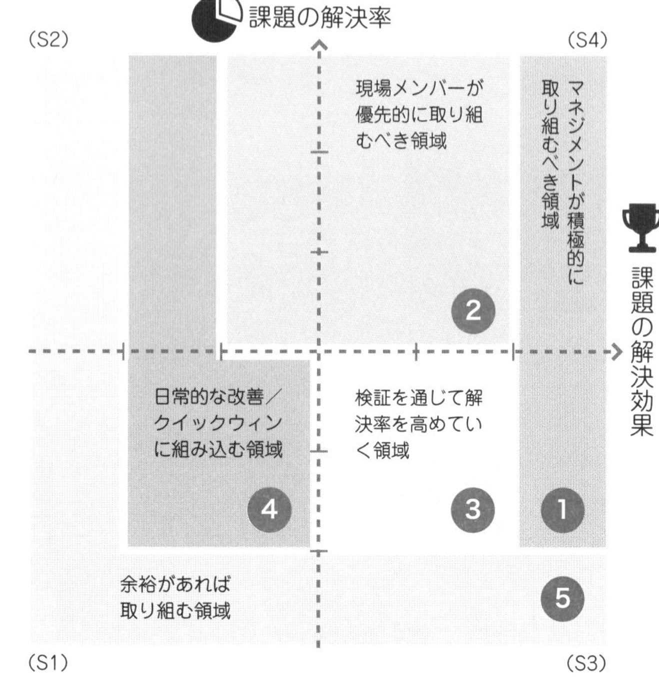

たとえば、（図3-23）で示した「レポート作成業務の煩雑化」について、それら課題を解決する施策を❶〜❺の領域に分類してみましょう。

標準的な機能以外によるレポート作成を禁じる施策であれば、根本的にレポート作成の負荷を下げることができそうです。そうであるなら、この施策は❶領域にあてはまります。解決効果と解決率はそれぞれ６段階で定量的に評価することで、❶〜❺に分類できます（図3-28）。

課題の解決効果が高い施策であるほど優先的に取り組みますが、施策を実施しても課題の多くが残ってしまうものは優先度を下げます。その場しのぎではなく、根本的に解決できる施策を優先することで、長期的に見たネガティブな影響の延べ総量を最小化できます。

	領域	特徴	施策例（レポート作成業務の煩雑化解消）
1	マネジメントが積極的に取り組むべき領域	施策を実行すると、非常に大きなメリットが見込めるため、積極的にマネジメント（経営者層）が後押しすべき。	・月次レポートのカスタム作成原則禁止
2	現場メンバーが優先的に取り組むべき領域	施策を実行すると、一定以上のメリットと課題解消が見込めるため、現場の裁量で積極的に取り組むべき。	・営業部内レポート統合と運用ルール策定
3	検証を通じて解決率を高めていく領域	施策を実行すると、一定以上のメリットが見込めるが課題の多くは解消されないため、より効果的なアプローチを検証すべき。	・既存レポートの作成停止（期間限定）
4	日常的な改善／クイックウィンに組み込む領域	施策を実行すると、小規模なメリットが見込めるため、直近の作業に取り入れて速やかに試してみるべき。	・レポート作成手順の並行化
5	余裕があれば取り組む領域	施策を実行しても、ほとんどメリットが見込めない、または課題のごく一部しか解消できないため、他の施策を優先すべき。	・レポート内グラフの凡例表記統一

第2部

3-06 ビジネスケース

リターンとコストの可視化

優先度マトリクスで整理した施策の解決効果には、品質面だけでなく金銭面の効果も含んでいます。施策を実施するか、最終的な判断を下すのに収益性は最も重要な点であり、リターンが多く見込めてもコストがかかり過ぎる施策は実行されません。

ビジネスケースとは、**「投資対効果（Return on Investment）」の観点でリターンとコストのバランスを評価するため、一定期間の間でどれくらいのリターン（累積損益）が得られるか試算します。**

たとえば、あるコンビニで「チョコたっぷり腹黒たい焼き開発」の施策に取り組むとします。商品販売時の売上をリターン、生産に必要な設備投資と原材料費をコストとみなせば、上下に伸びる棒グラフと折れ線グラフで可視化できます。

ここでは5年間でいくら稼げるか計算することにします。1年目はコストが4億円でリターンは1億円だったとしましょう。すると累積損益はマイナス3億円です。2年目はコストが3億円でリターンが2億円だとすれば、累積損益は1年目と合算してマイナス4億円です。5年目まで計算して、累積損益は5億円になったとします。

結果として、「この施策は5億円の利益が期待できるから実施しよう」と判断できます（図3-29）。

図 3-29 ビジネスケースの位置づけ

問題分析 → 課題解決 →

問題発見 → 課題抽出 → 真因特定 → 施策立案 → 優先順位づけ → ロードマップ策定

ビジネスケース

リターン
・事業収入
・コスト削減額
・投資削減額
・利益　等

コスト
・投資額
・コスト増分額
・費用　等

「得をすること」をリターン、「得が減ること」をコスト、と単純に考えると整理しやすくなります

優先順位づけ

評価観点（改善効果・影響範囲など）から各施策の優先順位づけを行う。

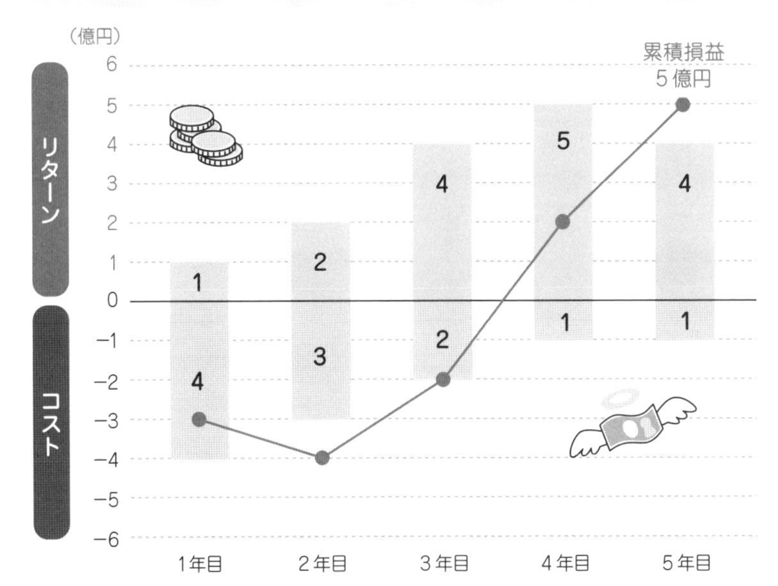

優先順位を反映したビジネスケース

会社などの組織が抱えるリソース（カネ・ヒト）は有限です。複数の施策を実行するためにそれぞれの開始時期をずらさなければならないこともあります。ビジネスケースはそうした事情を加味して作成します。

たとえば、あるコンビニで定期的な新商品リリースの施策として、「❶ハチミツだらけ琥珀大判焼き開発」、「❷白玉ぎっしり輝くたこ焼き開発」、「❸チョコたっぷり腹黒たい焼き開発」を想定しましょう。

次頁の条件であるときのビジネスケースを整理しました（図3-30）。

図3-30 ビジネスケース

施策名	累積損益	1年目	2年目	3年目	4年目	5年目
❶ ハチミツだらけ琥珀大判焼き開発	3	2	3	4	4	3
		3	3	3	2	2
❷ 白玉ぎっしり輝くたこ焼き開発	4	2	3	5	5	4
		6	3	2	2	2
❸ チョコたっぷり腹黒たい焼き開発	5	1	2	4	5	4
		4	3	2	1	1
		N年目	N+1年目	N+2年目	N+3年目	N+4年目

- **３つの施策のどれを採用しても課題解決率は同じであるとし、解決効果（累積損益）の優劣で実施順を決める**
- **累積損益は施策❸→❷→❶の順になる**
- **商品開発チームは１年に１つの施策を実行できる**
- **５年間のビジネスケースを評価する**

各施策の１年目がビジネスケースの１年目と一致しないものもあるため、ビジネスケースの開始年は慣例的にＮ年目、以降をＮ＋１、＋２と表記します。

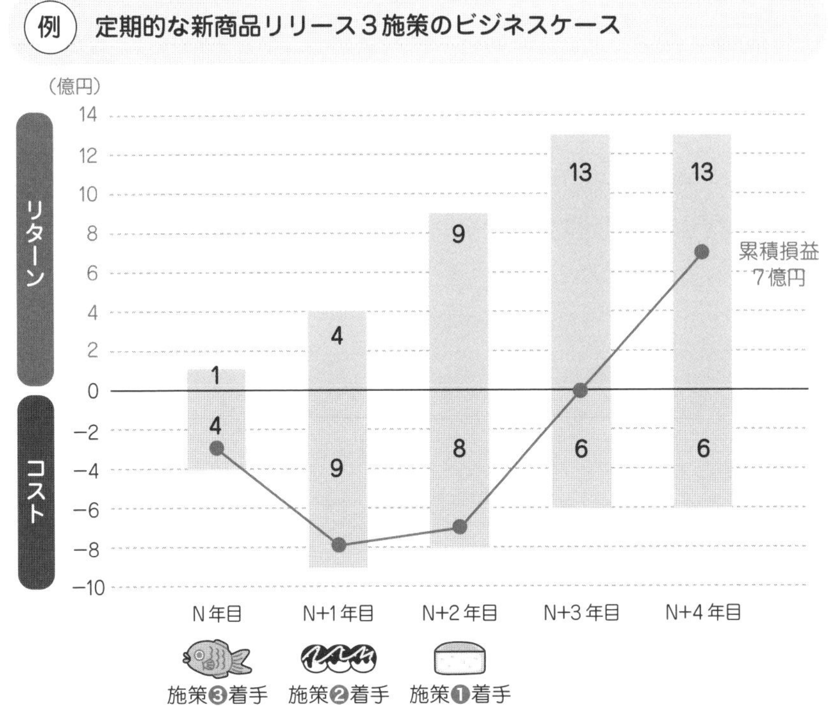

第2部

3-07 ロードマップ

施策 × カレンダー ＝ ロードマップ

ビジネスケースをつくった時点で、何年目にどの施策が実行されるのかを決めました。ロードマップでは、施策の実施期間とカレンダーの紐づけをします。

すべての施策をカレンダーにあてはめ、計画に落とし込むことで、担当者／チームが実行できるようになります。ロードマップをつくることで、ようやく課題解決の取り組みが実際に着手できるようになるのです。

開始時期が明確に決まるまではN年目表記で時間軸を表し、具体的な年表記に改めます（図3-31）。

ロードマップを作成する目的は、施策に関わる人たち（ステークホルダー）へ分かりやすく取り組みスケジュールを説明するためです。直近のスケジュールとなる1年目は、できるだけ詳しくスケジュールを示すことで、ステークホルダーの関わり方や関わるタイミングをはっきりと意識させることができます。

問題解決（問題分析＋課題解決）のアプローチはこれで完成です。

ここまでの成果物をまとめて推進計画（プロジェクト実行計画書など）をつくり、その内容にもとづいて問題解決を実現していきます。個々の施策の具体的な進め方は推進計画の作成時に行いましょう。

図 3-31　ロードマップの位置づけ

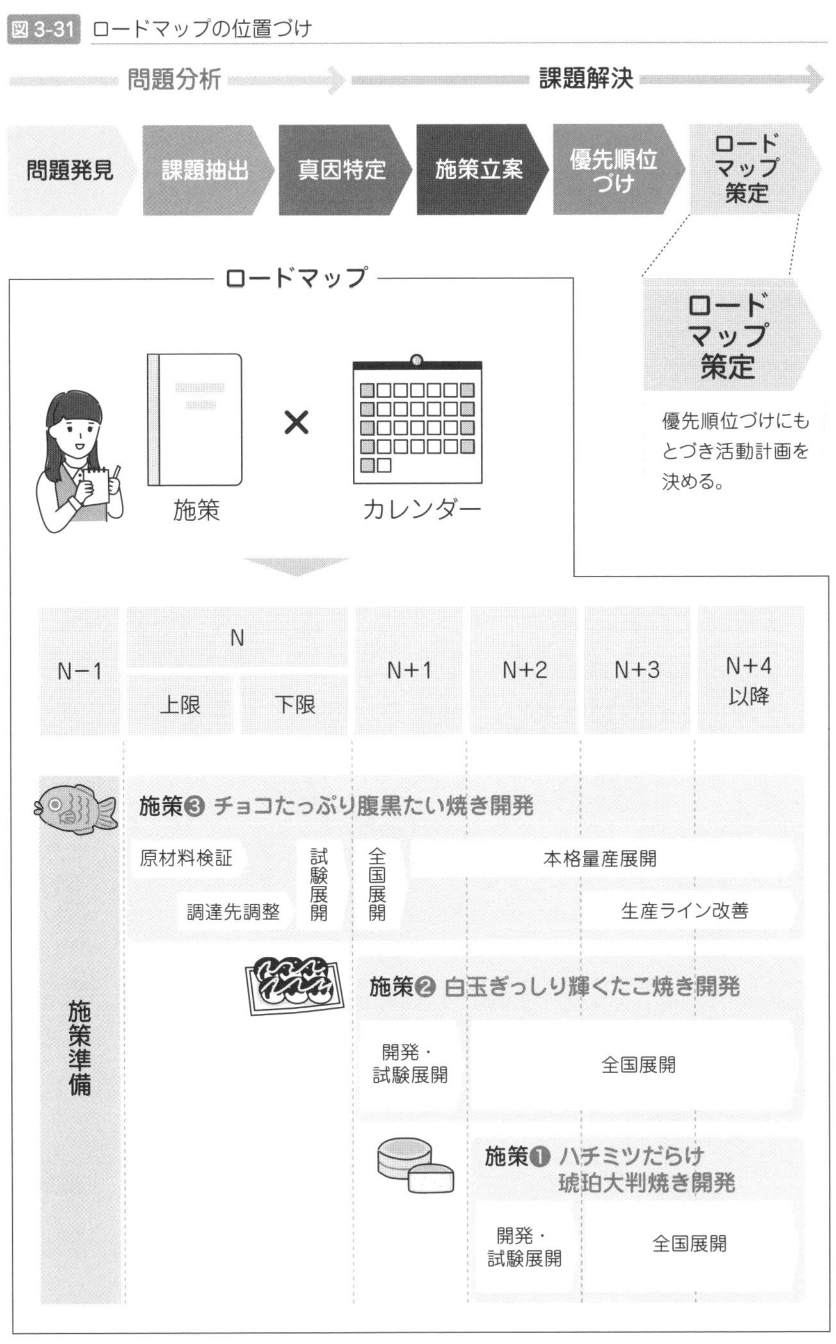

4章 ケーススタディ：問題解決

何を目的にしてロジカルシンキングを用いるか

整理する

問題を解決する

1章

2章

5章

3章

4章

フレームワーク（基本）

ケーススタディ（応用）

4-01	ゲーム機の失敗／成功
4-02	マンガの失敗／成功
4-03	後発TV局の失敗／成功

４章では、問題解決のツールの中でも、全体整理に向いている問題分析マンダラートを用いて、ケース問題を解説します。分かりやすくするため、ケースの途中で当時の状況を付け加えながら解説を進めていきます。ツールの具体的な用い方とその応用方法を学びましょう。

第2部

4-01 ゲーム機の失敗／成功

ケーススタディ：問題分析マンダラート（失敗ケース）

2012年11月に任天堂から発売された据置型ゲーム機「Wii U（ウィーユー）」は、2006年11月に発売された「Wii（ウィー）」の後継ゲーム機です。Wiiはライトユーザー層からの支持もあって、多くのハード販売台数を記録しました。Wii Uは、発売直後こそ順調に販売台数を伸ばしたものの、半年を経過してから鈍化し、ゲームソフト数も数本しか増えず、失速しています。

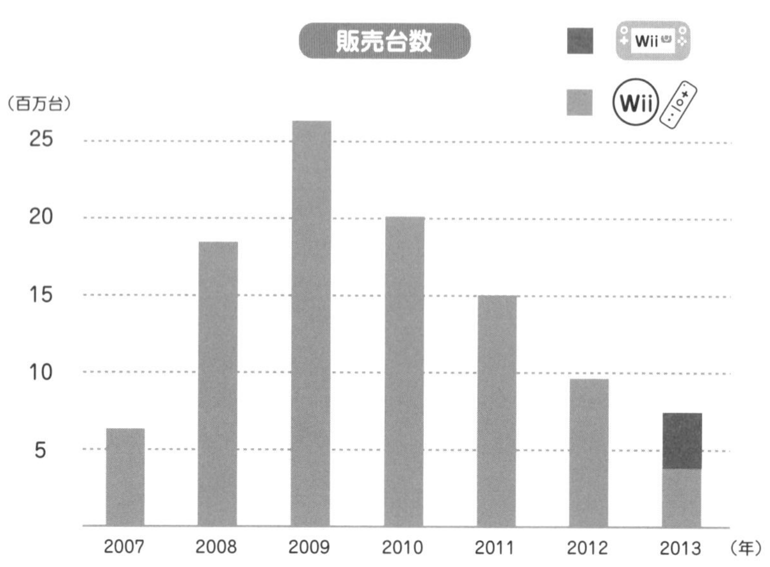

データ参考：任天堂

Wii Uは液晶画面を備えたゲームパッドとテレビの２画面を使ってゲームを遊ぶ、新しいコンセプトの据置型ゲーム機でした。2011年当時、前世代ハードのWiiを含め、据置型ゲーム機は販売台数を急激に減らしており、3DSなどの携帯ゲーム機も徐々に勢いをなくしていました。代わって台頭してきたのはスマートフォンです。

スマートフォン上で遊べる人気ゲームはソーシャルゲームと呼ばれ、高品質なオンライン多人数プレイが手軽にできます。無料で使ってもらい、アプリ内で課金してもらうフリーミアムモデルのゲームが多く、ゲーム制作会社も素早く収益が得られます。

ソーシャルゲームをプレイするのに専用ハードを購入する必要がないこと、いつでもどこでも遊べることも、据置型ゲーム機の販売台数減に拍車をかけました。

このような状況を覆すために、任天堂が送り出した据置型ゲーム機がWii Uなのです。ソーシャルゲームが「一人ひとりが自分のスマホだけを見て遊ぶ」のに対し、「Together Better（一緒だともっとイイ）」というコンセプトがWii Uにあると同社は述べています。これには、Wiiが獲得したファミリー層を再び取り込むという狙いがあります。

しかし、想定外の販売不振でWii Uは任天堂の業績を悪化させました。なぜこのようなことが起きてしまったのか、疑問は尽きません。どうしたら状況を改善できるでしょうか？

このケーススタディでは、前述した情報に加えて、当時のニュースや任天堂の発表情報を参考に、問題分析マンダラートを使って、2013年末の段階ではどんな問題解決アプローチができたか整理します。

手順①：分析対象

問題分析マンダラートの分析対象を最初に決めます。

ケーススタディの説明によると、ファミリー向け据置型ゲーム機の後継機であるWii Uについて、売上傾向を改善したい状況であることが分かります。

“分析対象”としてWii Uを明記し、どんな状況にあるか／どんな問題が見つかっているかについては、別の箇所に記録しましょう（図4-1）。

図4-1 ゲーム機の失敗：分析対象

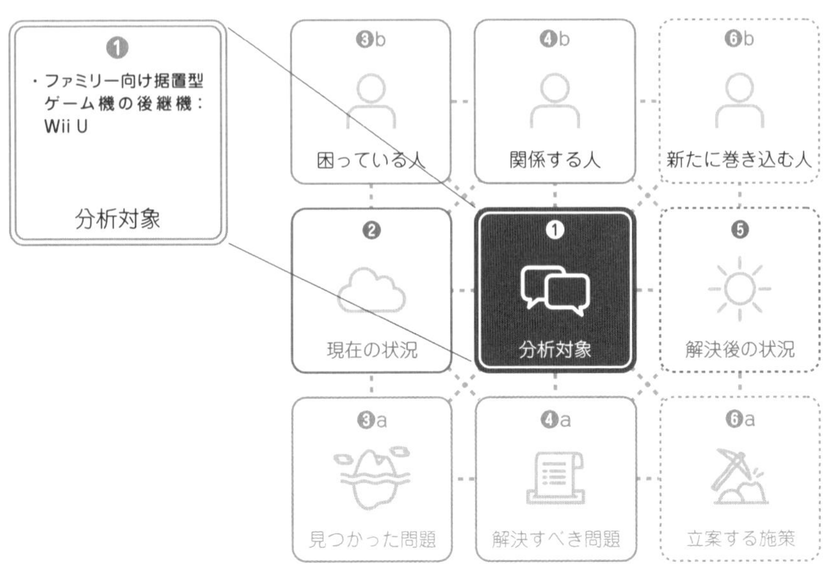

手順②：現在の状況

ケーススタディの説明から、発売当初は好調だったWii Uの売れ行きが半年で鈍化していることが分かっています。

また、当時の状況を調べてみると、発売直後のゲームソフト数は10作、半年を経過しても20作程度に留まっていることが分かります。前世代のWiiが半年で15作→45作以上に増やしたことと比べると、客観的にゲームソフトのタイトル数が少ないといえるでしょう。

以上が「❷：現在の状況」です（図4-2）。

図4-2 ゲーム機の失敗：現在の状況

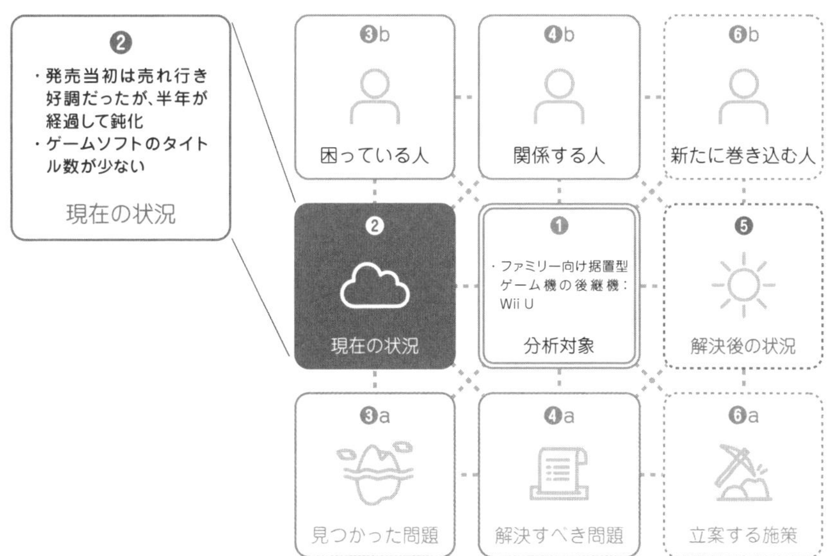

手順③：見つかった問題／困っている人

問題分析マンダラートの「❷：現在の状況」はすでに困っている状況も書かれていますが、困っている人の立場から見て、どんなことが困っていること（問題）なのかを整理してみましょう。

Wii Uの売れ行き鈍化で困るのは販売元の任天堂ですが、このゲーム機が売れていれば利益を得るチャンスがあったゲーム制作会社（サードパーティ）もいました。この２者の立場で困っていることを列挙してみることにしましょう。

図 4-3 ゲーム機の失敗：見つかった問題／困っている人

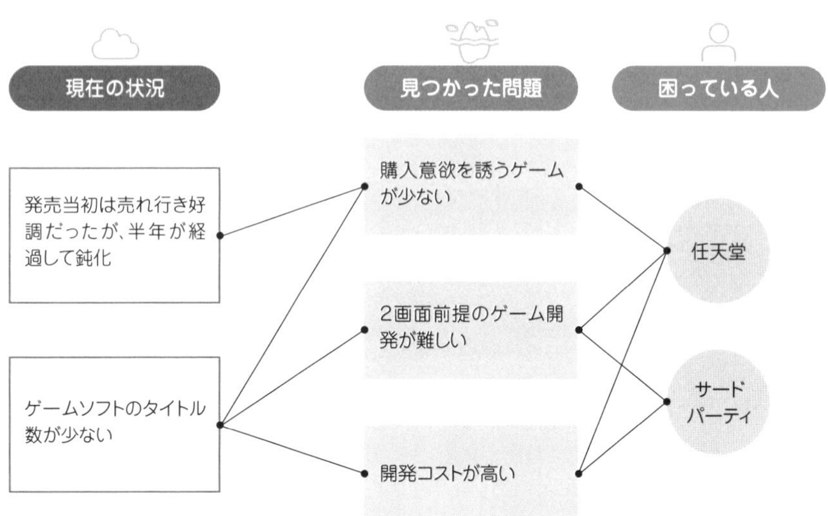

任天堂の立場で考えると、Wii Uの売れ行きが鈍化している理由として最も重視すべきは購入意欲を誘うゲームが少ない点です。どんなゲームハードも、遊びたいゲームソフトがなければ売れません。

サードパーティの立場で考えると、ゲームソフトのタイトル数が少ない状況は、据置型では初となる２画面前提のゲーム開発が難しい点、それゆえに開発コストが高い点が挙げられます。社内でハード開発チームと連携しやすいとはいえ、これは任天堂のゲーム開発チームにもいえます。

以上が「❸a：見つかった問題」と「❸b：困っている人」です（図4-3）。

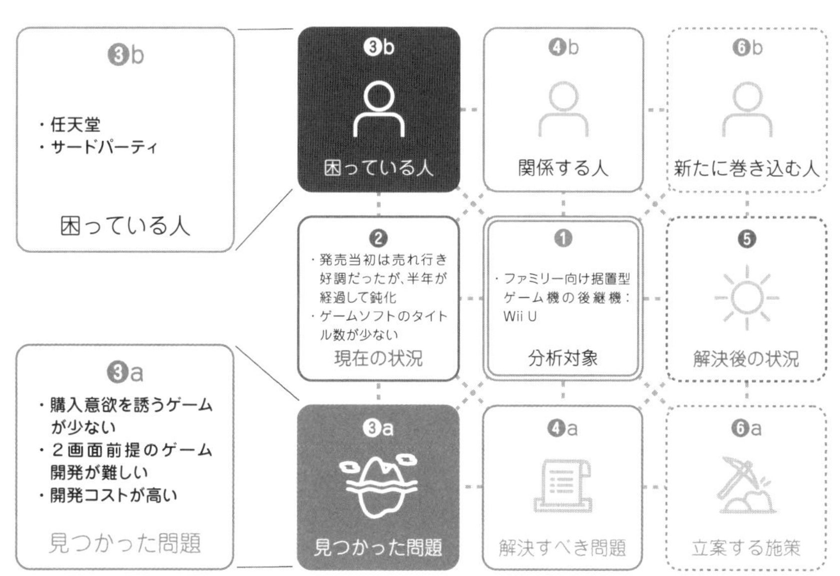

手順④：解決すべき課題／関係する人

「❸a：見つかった問題」を掘り下げます。

購入意欲を誘うゲームがないのはなぜでしょう。これは遊びたいと思えるゲームソフトがないからといえます。キラーコンテンツを増やす必要がありますし、ゲームユーザーの志向を意識しなければいけません。

２画面前提のゲーム開発が難しいのはなぜでしょう。今までのWiiはスティックコントローラーやフィットネス用コントローラーなど、特徴的な操作デバイスはあれども、テレビ画面１つ分を意識すれば足りました。

図 4-4 ゲーム機の失敗：解決すべき課題／関係する人

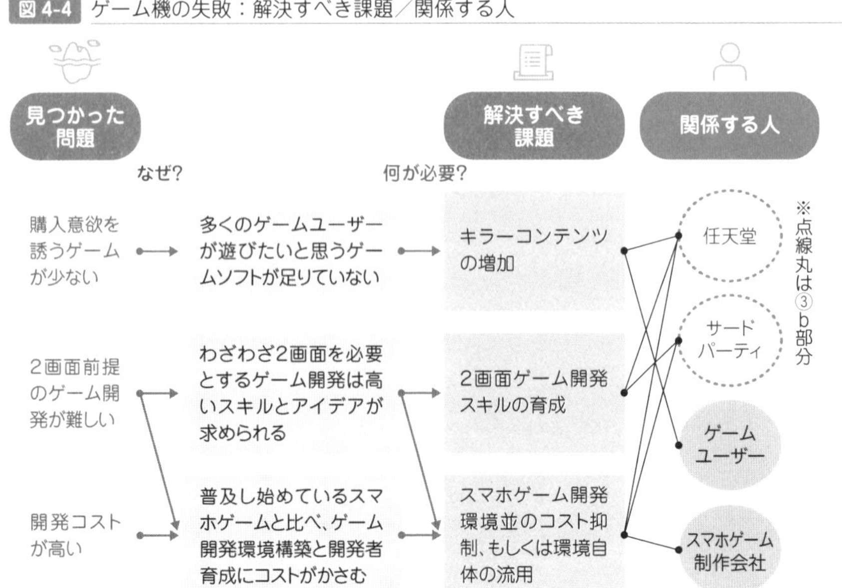

携帯ゲーム機のNintendo DSは２画面構造でしたが、画面サイズが小さく両画面を同時に確認できます。大きなテレビ画面と手元の小さな画面付きコントローラー（ゲームパッド）を前提とするWii Uにそのノウハウは使えません。各社で２画面ゲーム開発スキルの育成が必要です。

開発コストが高いと思われているのはなぜでしょう。当時、スマートフォンで遊べるゲームが急増しており、クオリティの高いゲームも数が増えてきました。スマホゲームの開発環境は据置型ゲーム機のそれより安価で、２画面構造のような特殊設計も不要です。スマホの数だけ潜在ユーザーがいて、しかもより安価に開発できるなら、ゲーム開発者はそちらに流れます。スマホゲーム開発環境並のコスト抑制ができるか、スマホゲーム開発環境を流用できるようにするぐらいの策が必要です。

以上が「❹a：解決すべき課題」と「❹b：関係する人」です（図4-4）。

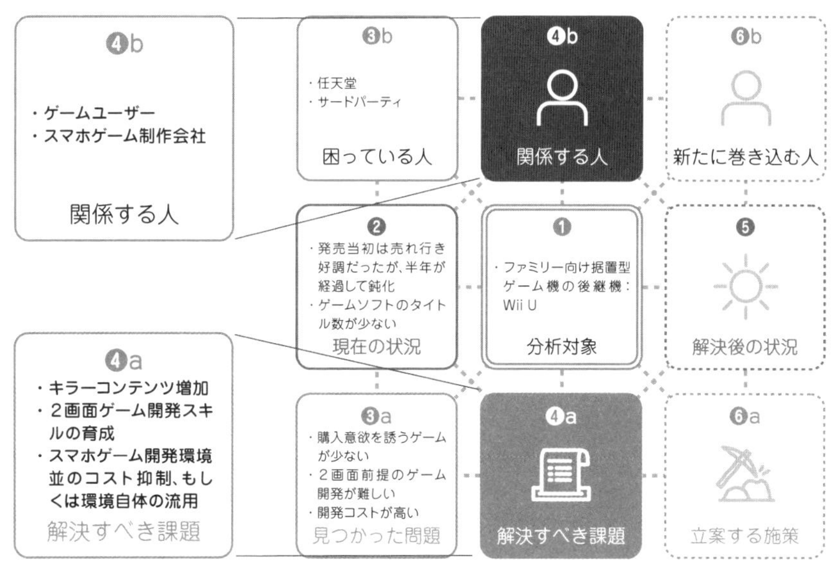

手順⑤：解決後の状況

「❷：現在の状況」に対して、目指したいゴールを考えてみましょう。

発売当初の売れ行きが鈍化し、ゲームソフト数が少ないWii Uを取り巻く状況が分析のスタート地点でした。

これに対して、キラーコンテンツが増え、Wii U特有のゲーム開発スキルを持つ人材も育ち、スマホゲーム並みの開発コストでゲームソフトがリリースされるようになった状態をイメージしてみます。

図4-5 ゲーム機の失敗：解決後の状況

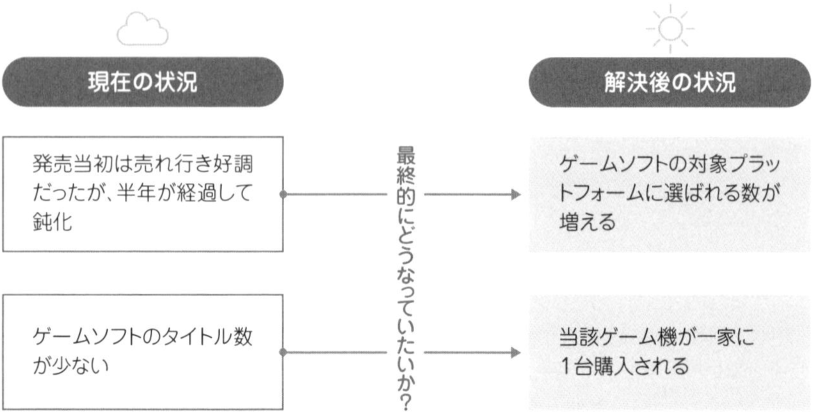

現在の状況

- 発売当初は売れ行き好調だったが、半年が経過して鈍化
- ゲームソフトのタイトル数が少ない

最終的にどうなっていたいか？

解決後の状況

- ゲームソフトの対象プラットフォームに選ばれる数が増える
- 当該ゲーム機が一家に1台購入される

　開発コストも他のゲーム機と同等になり、ゲーム開発を行うサードパーティの参入障壁も下がれば、開発ゲームソフトの対象プラットフォームに選ばれる数が増えるでしょう。Wii Uでリリースされるゲームソフトは数を増やし、魅力的なゲームをプレイするため、多くの人がWii Uを購入するようになります。

　Wii Uプラットフォームを中心にゲームコンテンツに投下されるお金が増えていけば、マーケットが拡大して開発者もさらに増えていき、魅力的なゲームがさらに増えるというポジティブなサイクルが実現されるようになります。このケースでは野心的に、いずれはWii Uが一家に１台購入される、という状況を目指してみましょう。

　以上が「❺：解決後の状況」です（図4-5）。

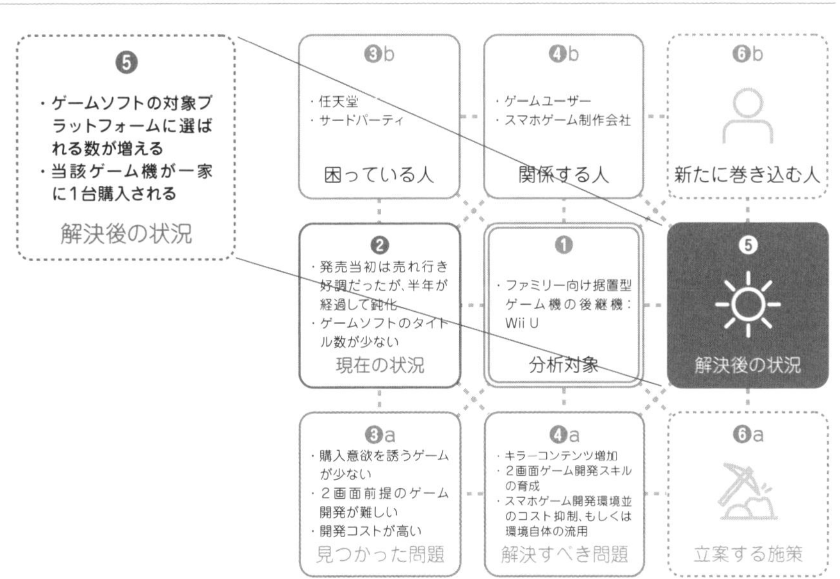

手順⑥：立案する施策／新たに巻き込む人

最後に「❺：解決後の状況」を踏まえて、それを実現するために立案する施策と新たに巻き込む人を考えます。

Wii Uでたくさんのゲームソフトをリリースしてもらうには、サードパーティが参入しやすくなるような仕組みが必要です。例えば、開発するためのルール（開発仕様）を決める施策をやれば、ゲームソフトをつくりやすくなります。これは、Wii Uを一家に１台の水準まで普及させるためにも役立つ取り組みになり、ゲーム開発側の助けになりそうです。

解決すべき課題の観点から、他にどんな施策があり得るでしょうか。

図4-6 ゲーム機の失敗：立案する施策／新たに巻き込む人

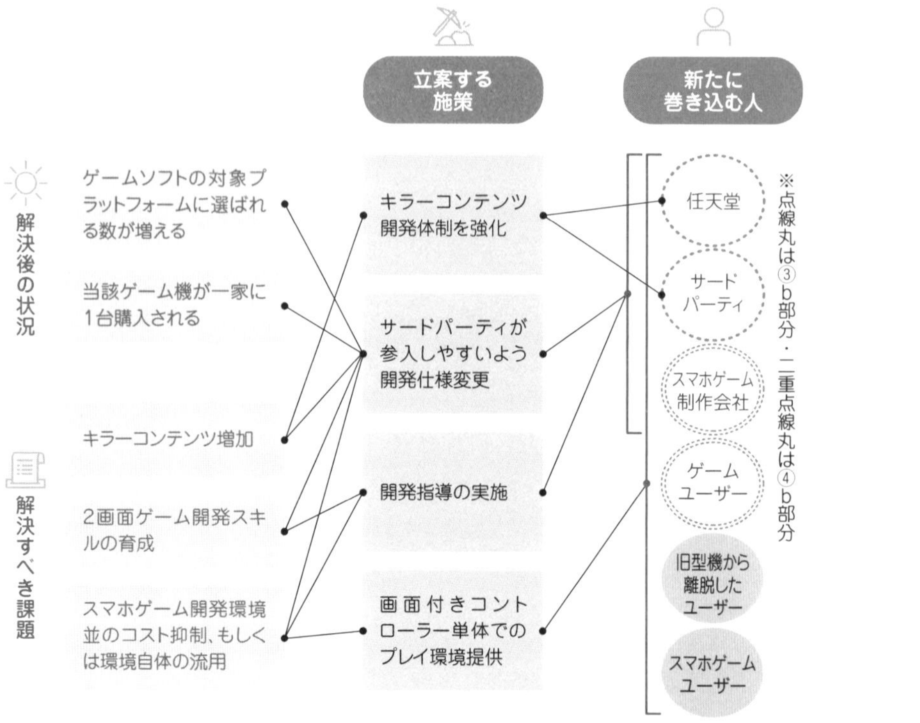

キラーコンテンツを増やす必要があるため、開発体制を強化する施策を候補にしておきましょう。また、先に挙げた開発仕様の展開でサードパーティ数を増やせば、ゲームソフト数の増加に比例してキラーコンテンツの誕生も期待できます。

２画面ゲーム開発スキルを持つ人材を増やすには、ノウハウを開発標準に含め、その活用を含めた開発指導を行う施策は有効そうです。

スマホゲーム開発環境を活用できる開発仕様をサードパーティへ指導するためには、１画面でプレイできる仕様が必要です。Wii Uのゲームコントローラーには画面が付いているのですから、それ単体で遊べるプレイ環境を提供する施策を実現できれば、ゲームユーザーも新しいゲーム体験が期待できます。

以上が「❻a：立案する施策」と「❻b：新たに巻き込む人」です（図4-6）。

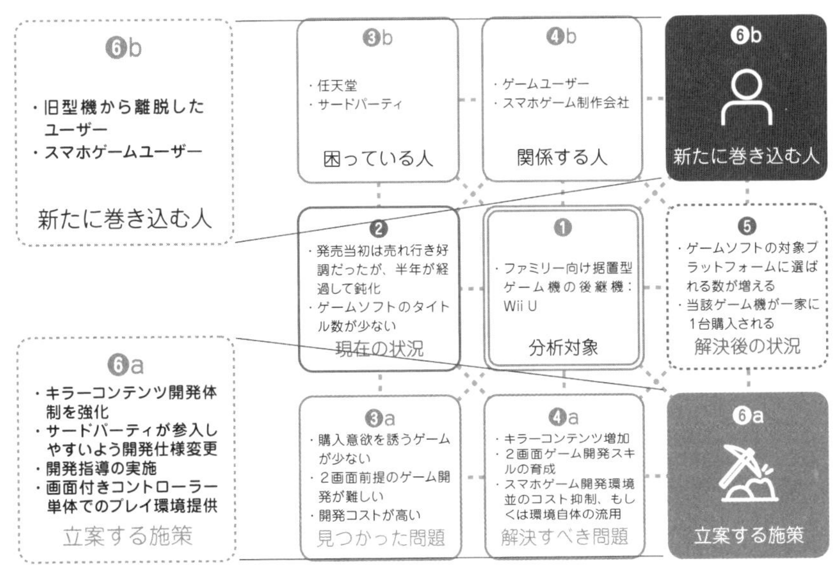

作成した問題分析マンダラート

完成した問題分析マンダラートと優先度マトリクスのたたき台をまとめました。これらをインプットすると、この後に作成する問題分析フロー／ECRS & SCAMPERをつくりやすくなります（図4-7）（図4-8）。

図4-7 ゲーム機の失敗：問題分析マンダラート

	現状		今後
だれ	❸b ・任天堂 ・サードパーティ 困っている人	❹b ・ゲームユーザー ・スマホゲーム制作会社 関係する人	❻b ・旧型機から離脱したユーザー ・スマホゲームユーザー 新たに巻き込む人
どうなる	❷ ・発売当初は売れ行き好調だったが、半年が経過して鈍化 ・ゲームソフトのタイトル数が少ない 現在の状況	❶ ・ファミリー向け据置型ゲーム機の後継機：WiiU 分析対象	❺ ・ゲームソフトの対象プラットフォームに選ばれる数が増える ・当該ゲーム機が一家に1台購入される 解決後の状況
どうする	❸a ・購入意欲を誘うゲームが少ない ・2画面前提のゲーム開発が難しい ・開発コストが高い 見つかった問題	❹a ・キラーコンテンツ増加 ・2画面ゲーム開発スキルの育成 ・スマホゲーム開発環境並のコスト抑制、もしくは環境自体の流用 解決すべき問題	❻a ・キラーコンテンツ開発体制を強化 ・サードパーティが参入しやすいよう開発仕様変更 ・開発指導の実施 ・画面付きコントローラー単体でのプレイ環境提供 立案する施策

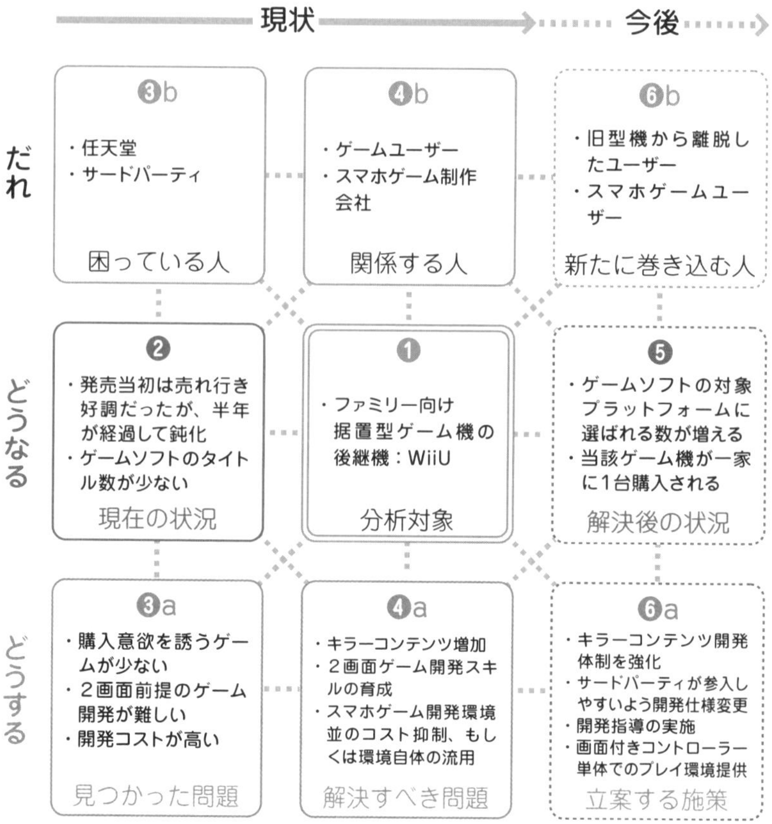

残念ながらWii Uはこの後も上向くことなく、ゲーム市場から姿を消しました。ハードウェアの仕様は一度決めると大きく変更することは困難です。任天堂が理想とするハードとソフトの垂直統合モデルは、徹底的なユーザーファーストとセットで、WiiでもNintendo DSでも成功してきました。しかし、Wii Uのように据置型ゲーム機で2画面を活用するゲームソフトの開発は難易度も開発コストも高く、サードパーティからは距離を置かれ、2016年に生産終了となりました。

図4-8 ゲーム機の失敗：優先度マトリクスのたたき台

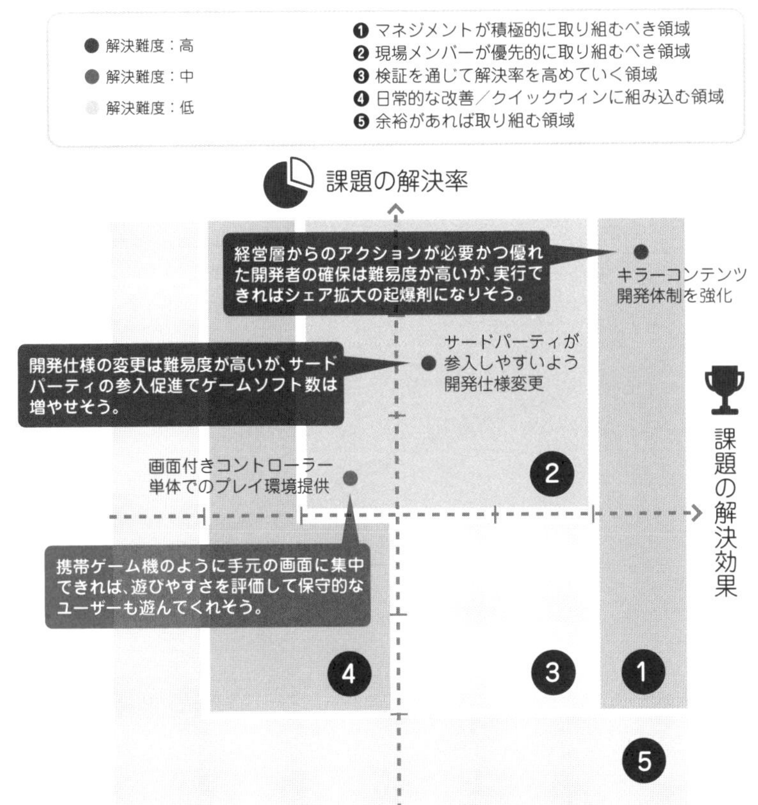

ケーススタディ：問題分析マンダラート（成功ケース）

2012年11月に任天堂から発売された据置型ゲーム機「Wii U（ウィーユー）」ですが、残念ながら販売不振が続き、大きな赤字を抱えることになります。その影響は大きく、前世代機種Wiiが好調だった2009年の売上と比べると、2015年は1/3以下に落ち込みました。

販売不振の主要因は、スマホゲームのシェアがゲーム市場全体の5割を超えていたことと、Wii U自体のゲームソフトの少なさです。特にWii Uの発売以降、ゲームソフト数はWiiの最盛期と比べて1/3以下、毎年20～30本程度しかリリースされていません。

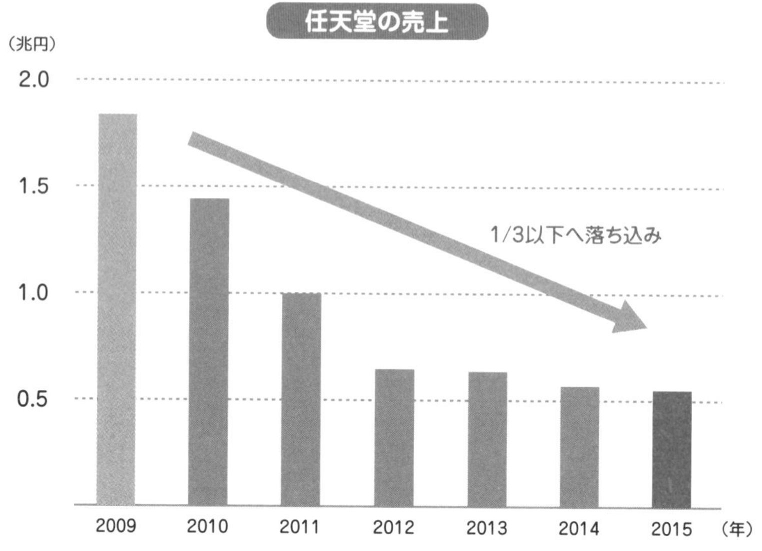

データ参考：任天堂

ゲームソフト数が伸び悩んだのは、Wii Uがテレビ画面とゲームパッド画面の２つを必要とする特殊な構造のためです。

Wiiでは任天堂が早々にリリースした体感型ゲーム（『Wiiスポーツ』など）がキラーコンテンツとなり、ファミリー層やライトユーザー層にWiiの楽しみ方を実感してもらえました。しかし、Wii Uでは２画面ならではの楽しさを万人に広めるキラーコンテンツがなかなか生まれず、大人気ソフト『スプラトゥーン』が生まれたのは2015年になってからでした。

２画面の技術仕様は、サードパーティの開発方針にも影響をもたらします。一般的にサードパーティのゲームソフトは、複数のプラットフォームで遊べるように開発されます。Wii Uは他ゲーム機とは異なる技術仕様であり、専用の開発作業が追加で必要になるため、Wii U向け開発コストが発生します。開発コストと発売後の売れ行きを比較し、投資対効果が悪そうなら開発することを諦めます。他のゲーム機でリリースされたゲームソフトの多くは、そうした判断により、Wii Uでは発売されませんでした。

ゲームソフトが少ないゲーム機からはキラーコンテンツが生まれる数も少なく、それゆえにゲームユーザー数が増えないというネガティブスパイラルが続いている、というのが2015年当時のWii Uの状況でした。

なんとかこの状況を打開するため、次世代ゲーム機の開発方針にはWii Uで得た教訓をしっかり組み込みたいと思います。どのような次世代ゲーム機を目指すべきでしょうか？

このケーススタディでは、前述した情報に加えて、当時のニュースや任天堂の発表情報を参考に、問題分析マンダラートを使って、2015年末の段階ではどんな問題解決アプローチができたか整理します。

手順①：分析対象

問題分析マンダラートの分析対象を最初に決めます。

ケーススタディの説明によると、次世代ゲーム機の開発方針について、Wii Uの反省を活かしたものにしたいことが分かります。

“分析対象”として次世代ゲーム機を明記し、どんな状況にあるか／どんな問題が見つかっているかについては、別の箇所に記録しましょう（図4-9）。

図4-9 ゲーム機の成功：分析対象

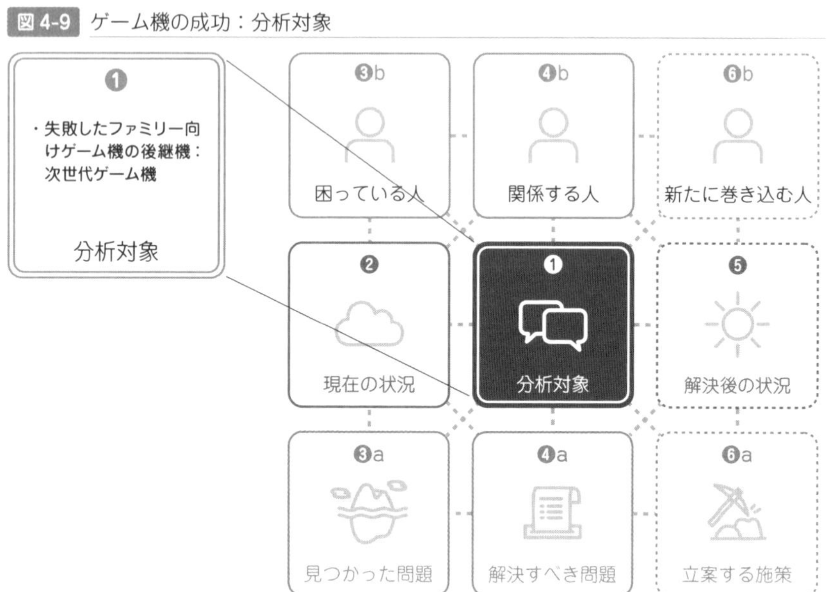

手順②：現在の状況

ケーススタディの説明から、スマホゲームのシェアがゲーム市場全体の５割を超えていたことと、Wii Uのゲームソフトは Wiiの最盛期と比べて1/3以下であることが分かっています。

2015年当時、世界のゲーム市場は7.8兆円でしたが、このうち４兆円以上がスマホゲームであったことは当時のニュースから知ることができます。スマホゲーム以外（家庭用ゲーム）に目を向けたとき、主なハード機はPS 4、Xbox One、Wii Uであり、Wii Uはこれら３ハードの中で２割程度のシェアでした。ゲームソフト数の少なさがシェアの大きさに直接影響しています。

以上が「❷：現在の状況」です（図4-10）。

図 4-10 ゲーム機の成功：現在の状況

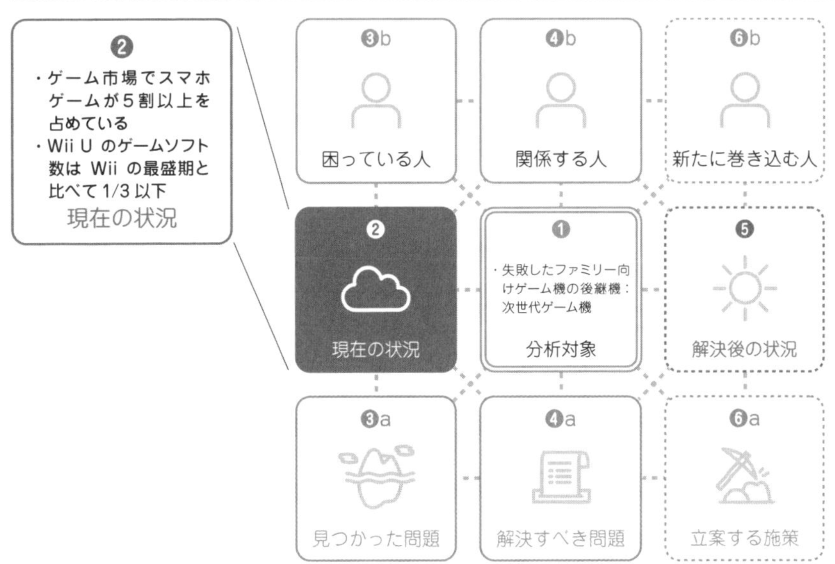

手順③：見つかった問題／困っている人

問題分析マンダラートの「❷：現在の状況」には困っている状況も書かれていますが、困っている人の立場から見て、どんなことが困っていること（問題）なのか整理してみましょう。

Wii Uの販売不振は想定外のレベルで、開発プラットフォームから除外する方針を打ち出したサードパーティも少なくありませんでした。ただでさえゲーム開発コストは増えるばかりです。任天堂の顔を立てるとしても、携帯ゲーム機で堅調な売上のNintendo 3DS向けにゲーム開発すれば十分です。この時点で困っていたのは、主に任天堂でした。

図 4-11 ゲーム機の成功：見つかった問題／困っている人

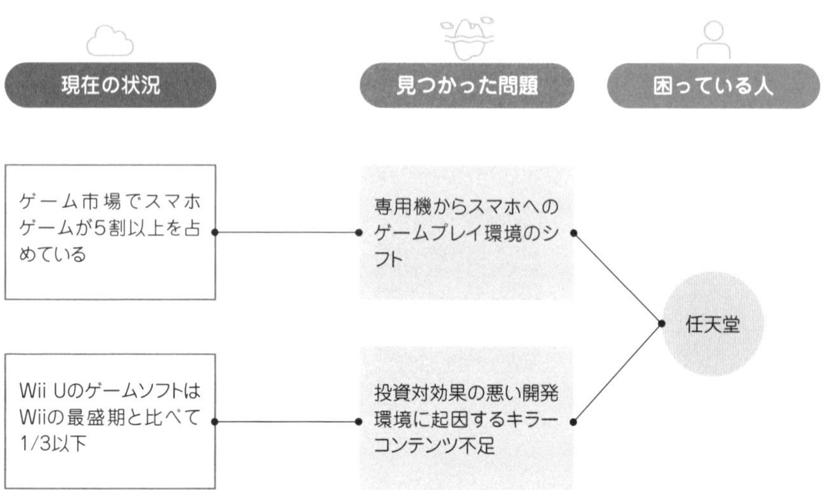

ゲーム市場の過半数をスマホゲームが占めているのは、スマートフォンの高性能化に伴うためです。より手軽に楽しい体験が得られるスマートフォン向けのゲームを遊ぶ人が増えた分、ゲーム専用機でわざわざゲームを遊ぶ人は減ります。専用機からスマホへのゲームプレイ環境のシフトは必然ともいえるでしょう。

Wii Uのゲームソフト数が少ないのは、キラーコンテンツの少なさでもあります。2015年は任天堂の大ヒット作『スプラトゥーン』が発売された年ですが、この時点で売上本数TOP10にランクインしているサードパーティ製ゲームはカプコンのモンスターハンターのみです。投資対効果の悪い開発環境に起因するキラーコンテンツ不足は顕著でした。

以上が「❸a：見つかった問題」と「❸b：困っている人」です（図4-11）。

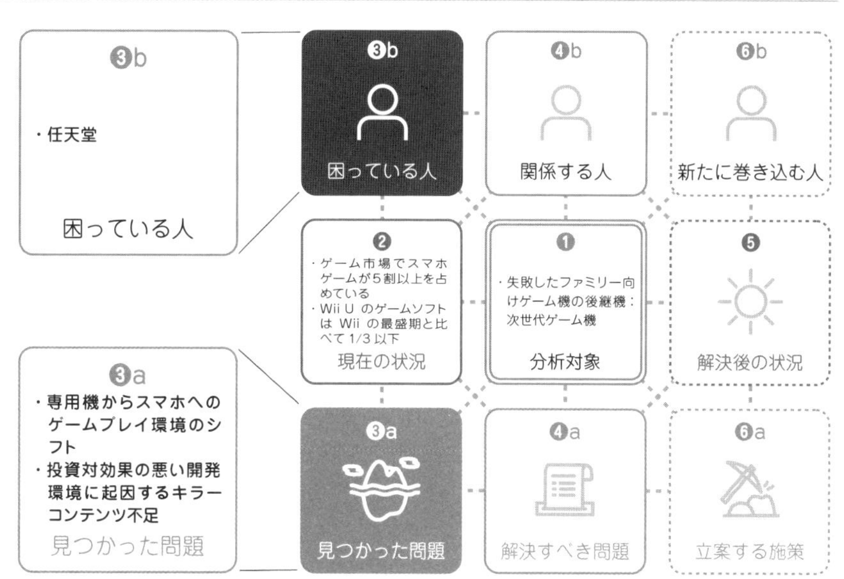

手順④：解決すべき問題／関係する人

「❸a：見つかった問題」を掘り下げます。

専用機からスマホへのゲームプレイ環境がシフトしたのは、スマホの性能が向上して、美麗かつ複雑なゲームがストレスなくプレイできるようになったからです。加えて、最初は無料（フリーミアムモデル）で遊べるゲームが多く、わざわざゲーム専用機を購入する必要はありません。

スマホはガラケー利用者へ急激に浸透していきました。2012年にはまだ2割強の普及率であったのに、2015年には5割を超えています。スマホゲームはアプリという形で簡単にダウンロードできるため、これもスマホゲームシェアを急拡大させる大きな要因です。

図 4-12 ゲーム機の成功：解決すべき課題／関係する人

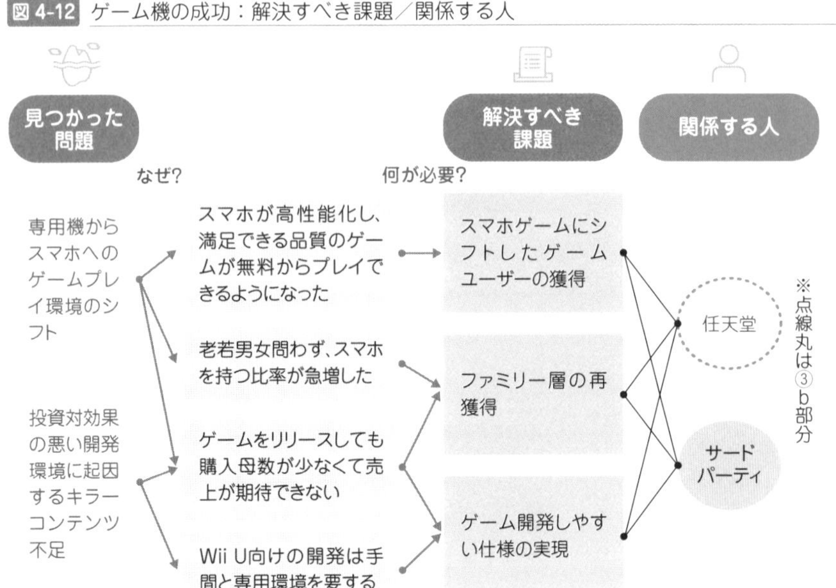

状況を整理した結果、スマホゲームにシフトしたゲームユーザーの獲得は専用機のゲーム人口を増やすのに必須であり、できなければ次世代ゲーム機もジリ貧であることに気づけます。Wiiのときには取り込めていたのにいつの間にか離れてしまったファミリー層の再獲得も課題です。

こうした状況では、ゲームを発売しても購入母数が少なく売上が期待できない、という懸念をゲーム開発者に抱かせます。投資対効果の悪い開発環境、キラーコンテンツ不足という問題は、ゲーム人口が少ない → 他ゲーム機よりも利益が見込めない → 開発に許されるコストは少ないがWii Uは専用開発環境が必要 → 実績のある続編ゲームに絞って開発 → キラーコンテンツが生まれにくい、という悪循環によるものです。ゲーム開発しやすい仕様の実現は任天堂にもサードパーティにも必要です。

以上が、「❹a：解決すべき課題」と「❹b：関係する人」です（図4-12）。

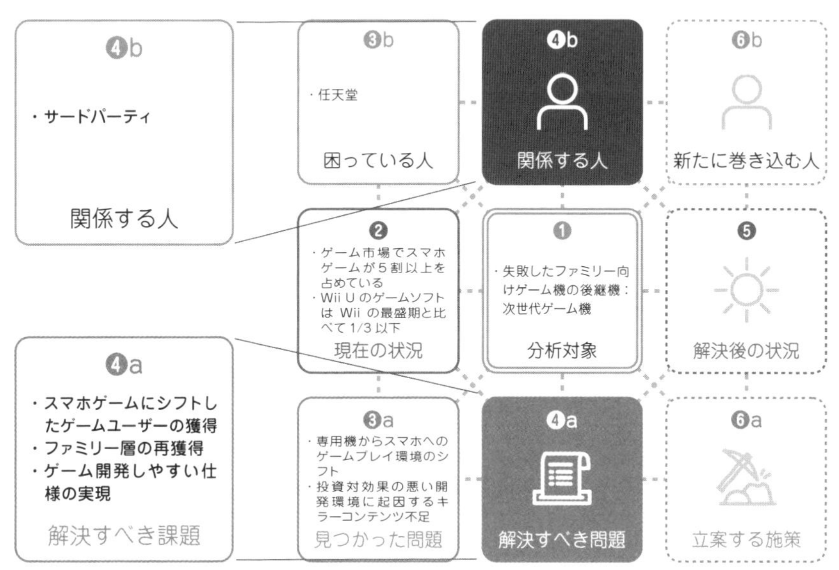

手順⑤：解決後の状況

「②：現在の状況」に対して、目指したいゴールを考えてみましょう。

Wii Uはゲーム人口が少なすぎました。次世代ゲーム機は、コア層・ライト層・ファミリー層のすべてがプレイするぐらいのゲーム人口を目指すべきです。

スマホゲームは自分のスマホを使って遊ぶため、一部の協力プレイを除き、一人で画面に向き合って遊ぶスタイルが主流です。気軽に遊べるため、ライト層がスマホゲームユーザーに多くいます。ここを取り込めるなら、次世代ゲーム機のゲーム人口は大きく増えるでしょう。

図4-13 ゲーム機の成功：解決後の状況

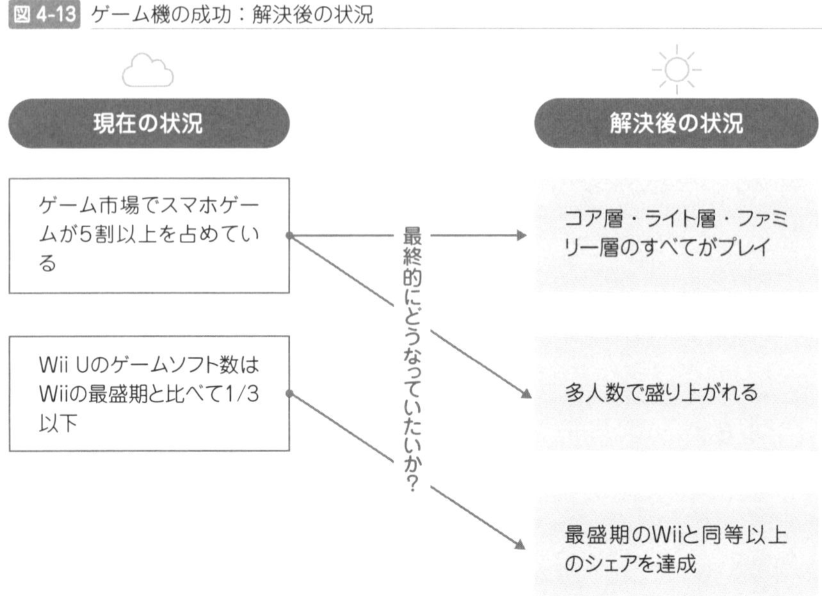

さらに、シンプルな仕組みで万人が興味を持つテーマのキラーコンテンツを提供できれば、ファミリー層も取り込めます。

お茶の間だけでなく、外出先でも多人数でワイワイ楽しむことができれば、スマホゲームに代わって遊ばれるゲーム機にもなれるでしょう。

多くのゲームプレイヤーを惹きつけることに加え、サードパーティが開発しやすい環境を生み出すなどすれば、次世代ゲーム機は最盛期のWiiと同等以上のシェアを達成できるに違いありません。

以上が「❺：解決後の状況」です（図4-13)。

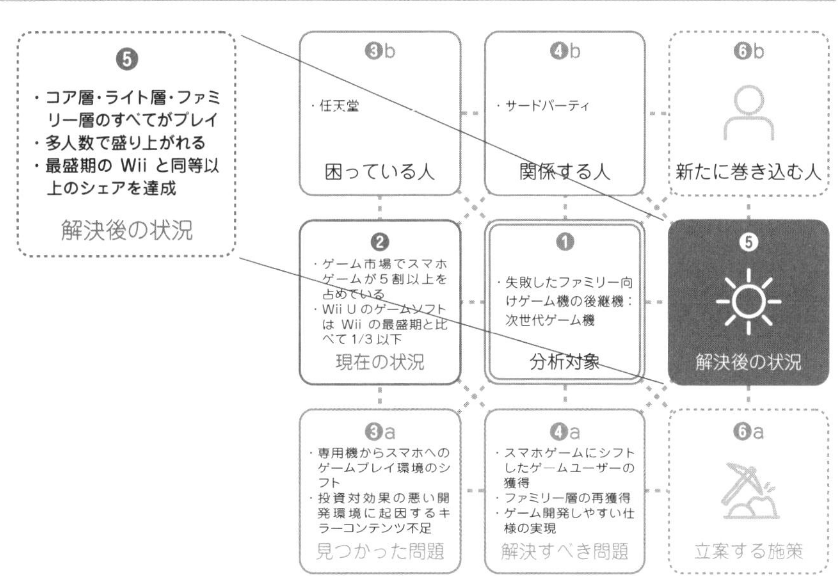

手順⑥：立案する施策／新たに巻き込む人

最後に「❺：解決後の状況」を踏まえて、それを実現するために立案する施策と新たに巻き込む人を考えます。

コア層・ライト層・ファミリー層のすべてが満足するためには、ゲーム専用機としてスマホを大きく超える品質を備えていることは大前提です。その上で、スマホの携帯性に匹敵していなければ、ゲーム時間をスマホゲームから奪い返すことは難しいでしょう。タブレットに近い大きさでありながら、手に収まるサイズのゲームプレイ体験が提供できるハードウェアが必要です。

多人数で遊べることもライト層の獲得には必要です。Nintendo 3DSの

図 4-14 ゲーム機の成功：立案する施策／新たに巻き込む人

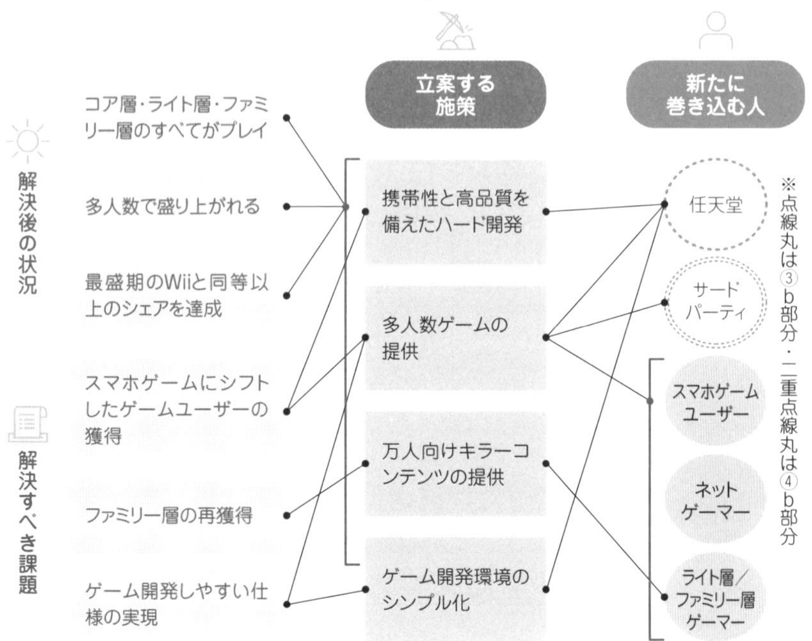

ユーザー層をすべて受け入れることができるよう、持ち寄って一緒に遊べるゲームがほしいですね。ネットワーク対戦ができるだけではなく、誰か一人がゲームを持っていればその場のみんなで共有できる仕組みがあれば、購買力の弱い若年層も取り込めます。

他のゲームハード、PCオンラインゲームとクロスプラットフォームで遊べるゲームソフトを開発できるなら、ネットゲーマーも興味を持ち、サードパーティにとっても潜在購買層を広く見積もることができます。

“健康”のような万人受けするテーマのキラーコンテンツなら、Wii Fitでブームを巻き起こしたように、ファミリー層を獲得できます。

ゲーム開発環境をシンプルにすることで、多くのサードパーティが参画しやすくなり、様々なゲームソフトのリリースが期待できます。

以上が「❻a：立案する施策」と「❻b：新たに巻き込む人」です（図4-14）。

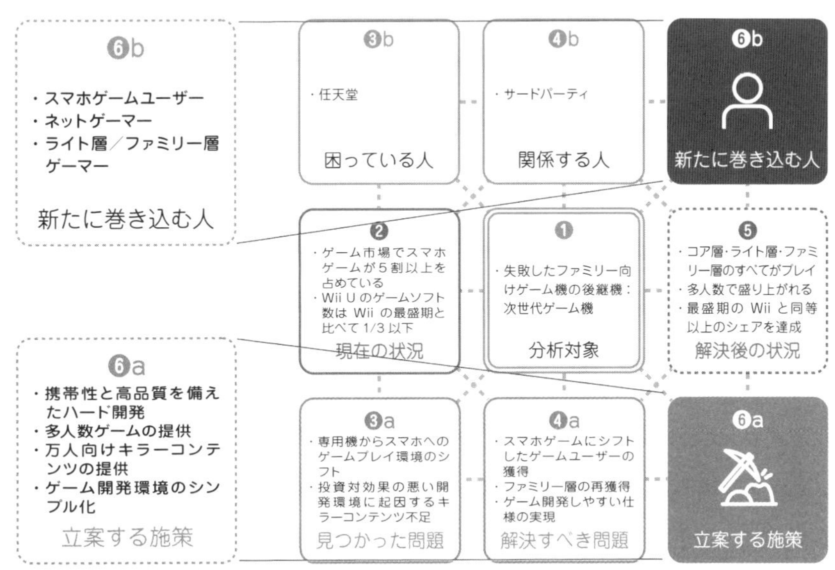

 作成した問題分析マンダラート

これまでのケーススタディと同じく、問題分析マンダラートと優先度マトリクスのたたき台をまとめました（図4-15）（図4-16）。

このケーススタディはWii Uの後継であるNintendo Switchを題材にしています。Nintendo Switchは発売直後の人気がどんどん加速し、わずか1年足らずでWii Uの累計販売台数を上回ります。

図4-15 ゲーム機の成功：問題分析マンダラート

	現状		今後
だれ	❸b ・任天堂 困っている人	❹b ・サードパーティ 関係する人	❻b ・スマホゲームユーザー ・ネットゲーマー ・ライト層／ファミリー層ゲーマー 新たに巻き込む人
どうなる	❷ ・ゲーム市場でスマホゲームが5割以上を占めている ・Wii Uのゲームソフト数はWiiの最盛期と比べて1/3以下 現在の状況	❶ ・失敗したファミリー向けゲーム機の後継機：次世代ゲーム機 分析対象	❺ ・コア層･ライト層･ファミリー層のすべてがプレイ ・多人数で盛り上がれる ・最盛期のWiiと同等以上のシェアを達成 解決後の状況
どうする	❸a ・専用機からスマホへのゲームプレイ環境のシフト ・投資対効果の悪い開発環境に起因するキラーコンテンツ不足 見つかった問題	❹a ・スマホゲームにシフトしたゲームユーザーの獲得 ・ファミリー層の再獲得 ・ゲーム開発しやすい仕様の実現 解決すべき問題	❻a ・携帯性と高品質を備えたハード開発 ・多人数ゲームの提供 ・万人向けキラーコンテンツの提供 ・ゲーム開発環境のシンプル化 立案する施策

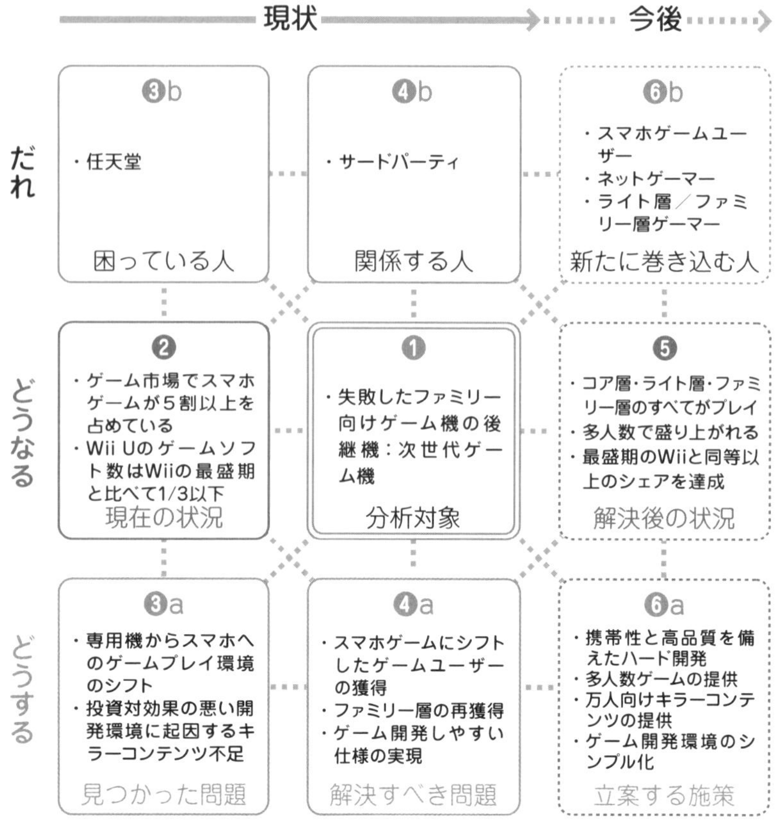

人気の理由は、高精細なディスプレイを挟み込む着脱可能なコントローラーという形状、テレビに投影して大画面で遊べること、携帯性とバッテリー性能に優れ、外に持ち出して遊びやすいこと、リングフィットアドベンチャーに代表される健康エクササイズ系のキラーコンテンツが生まれたこと、そして開発者にとって開発しやすい仕様になっていることです。負けない理由がないくらいに練り込まれた次世代ゲーム機が誕生しました。

図 4-16 ゲーム機の成功：優先度マトリクスのたたき台

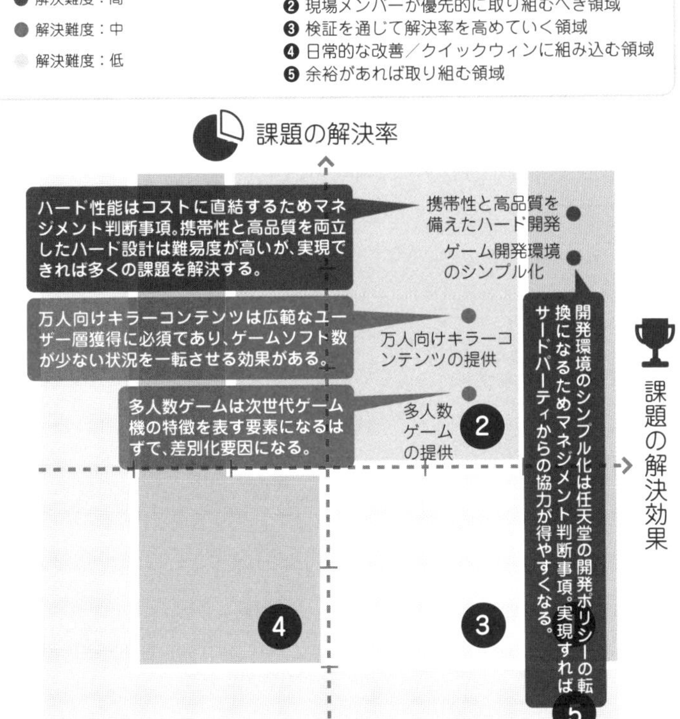

総括：ゲーム機の失敗／成功

任天堂が開発した２つのゲーム機（Wii U、Nintendo Switch）は、失敗と成功の両極端のような事例でした（図4-17）（図4-18）。

２つの問題分析マンダラートを比べると、どちらもユーザーとサードパーティを意識できているものの、Switchの方が抜本的な施策が示されています。これは、すでにハードがリリースされているWii Uと、ハード仕様をまだ見直せる余地があるSwitchの違いといえます。

図4-17 （再掲）ゲーム機の失敗：問題分析マンダラート

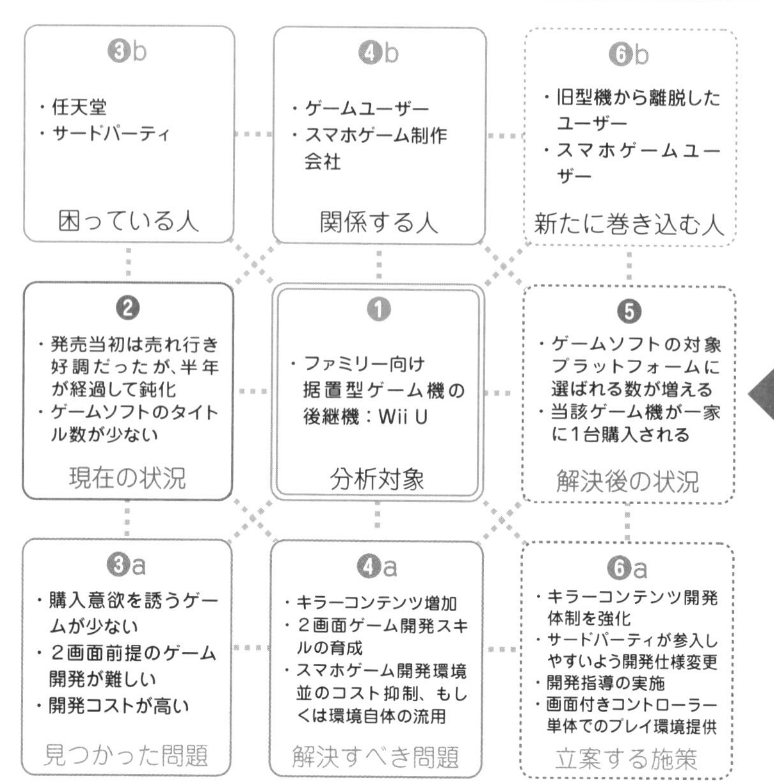

全体に影響を及ぼすような施策は、物事が進むほどに変更影響が大きくなり、採用しづらくなります。任天堂はWii Uの主な敗因として、サードパーティの開発難度が高かったことを挙げています。だからこそ、Switchでは徹底的にサードパーティが開発しやすい環境をつくりました。これは仕様を決める初期の段階であるからこそ、取り組めることでした。

これら２つのケーススタディから得られる示唆は、**マネジメントを巻き込む大きな選択はできるだけ早い時期から洗い出して、その判断を仰ぎましょう**ということです。特に、何かの仕様を決めるようなケースなら、関係者を最初に洗い出して、それぞれに対するメリット・デメリットをちゃんと可視化しましょう。

図 4-18 （再掲）ゲーム機の成功：問題分析マンダラート

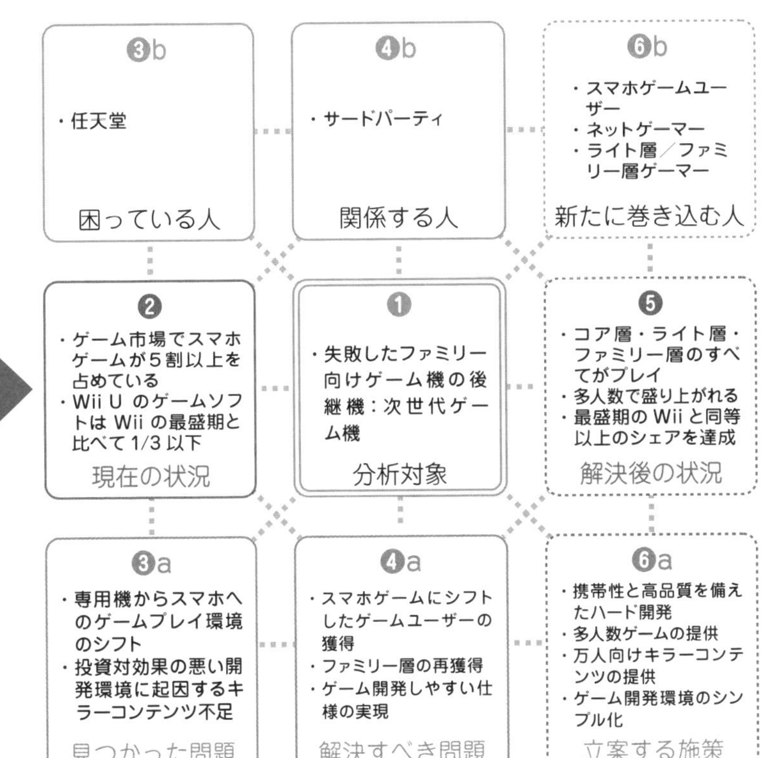

第2部

4-02 マンガの失敗／成功

ケーススタディ：問題分析マンダラート（失敗ケース）

あなたは忍者マンガ（以降、今作と表記）の作者です。15年にわたって週刊少年誌に連載してきましたが、連載終了時にはコミックス発行部数は1億3千万部以上を達成し、世界90か国以上にいる熱烈なファンからも惜しまれながら作品を完結させました。

連載終了後、しばらく休養を取りつつ、別マンガに監修協力してきましたが、週刊少年誌編集部からは「ぜひ次の作品執筆を」という声も上がっています。ただ、体力的に週刊連載を続けることに不安があり、月刊誌のペースであっても連載に耐えられそうにないと感じています。

漫画家としては、大きな達成感を感じている一方、自分が本当に描きたかった作品をまだ発表できていないと思うところもあります。

たとえば、今作では忍者に現代風の価値観を組み合わせて描いてきましたが、今、描きたいのは「SF（サイエンス・フィクション）」です。自分はメジャーからマイナー作品まで幅広く観ているSF好きであり、次回作はこのテーマで漫画をつくりたいと思うようになっていました。世界観、登場人物、ストーリー展開など、ネタはどんどん溢れてきます。

もう１つ、今作を制作していたときにあるスタッフの描く背景画に素晴らしいセンスを感じ、彼を漫画家として世に送り出したいという想いもありました。今作では作者自身が作画の中心を担っていたため、そのスタッフを活躍させる機会がありませんでした。

今作連載終了後、連載漫画家を目指していた彼に声をかけ、協力してマンガ制作ができる目処も立ちました。

週刊少年誌でSFをテーマにした作品にはヒット作が多くありません。SFをテーマにした作品は、世界観をつくり込むほど話の深みは増しますが、その面白さを理解してもらうまでに時間もかかるので、途中で読者が脱落してしまうからです。

しかし、ストーリーのつくり込みには自信があります。今作で培った人気漫画のノウハウをすべて活用するつもりです。

万人が共感してくれる要素として「家族愛」を扱うことで、年齢問わず新たなマンガファンを獲得できるのではないか、と想像します。

今作を楽しんでくれたファンならば、途中から面白くなるという期待を持ち続け、序盤の世界観説明にも脱落せずについてきてくれるはず、とも思います。

次回作として、どのようなマンガをどういう体制で制作するのがよいでしょうか？

このケーススタディでは、前述した情報に加えて、当時のニュースや作者への取材情報を、問題分析マンダラートを使って、次回作に向けてどんな問題解決アプローチができたか整理します。

手順①：分析対象

問題分析マンダラートの分析対象を最初に決めます。

ケーススタディの説明によると、15年続いた人気忍者マンガの連載終了後、次回作をどうつくったらいいか考えたい、ということでした。

“分析対象”を次回作とし、どんな状況にあるか／どんな問題が見つかっているかについては、別の箇所に記録しましょう（図4-19）。

図4-19 マンガの失敗：分析対象

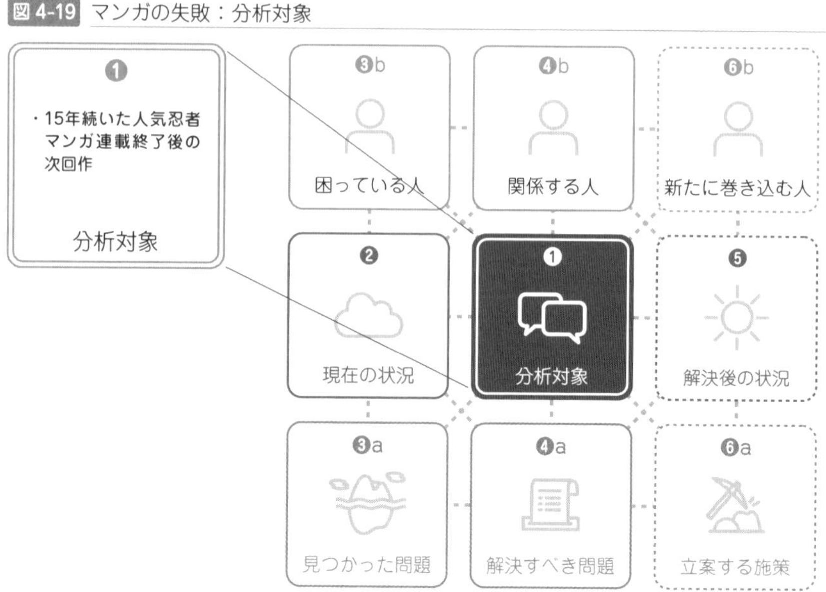

手順②：現在の状況

ケーススタディの説明では、今作の忍者マンガの人気は世界的で、連載終了時のコミックス発行部数は１億３千万部超だと述べています。世界90か国以上に熱烈なファンがおり、大きな実績を残すことができました。

しかし、週刊連載を15年続けるというのは並大抵ではなく、現在は週刊連載から離れて休養中の状態にあります。

以上が「❷：現在の状況」です（図4-20）。

図 4-20　マンガの失敗：現在の状況

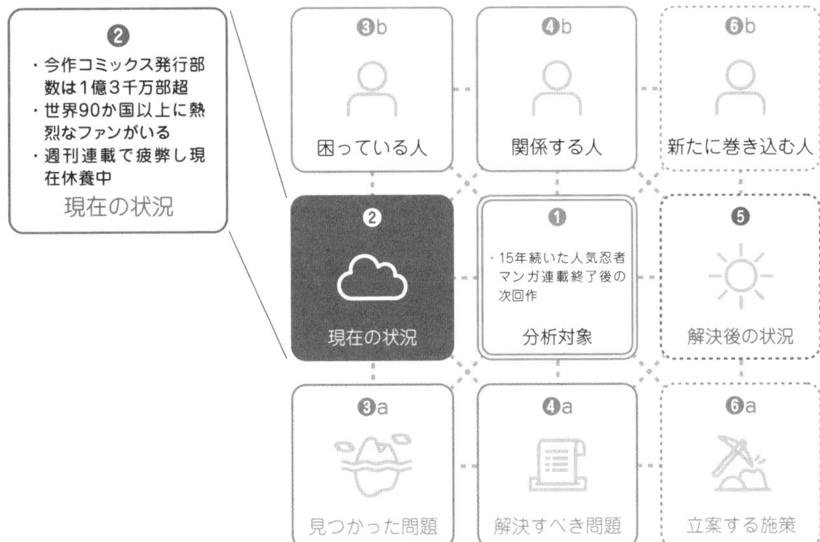

手順③：見つかった問題／困っている人

問題分析マンダラートの「❷：現在の状況」はすでに困っている状況も書かれていますが、困っている人の立場から見て、どんなことが困っていること（問題）なのかを整理してみましょう。

作者としては、人気作品の生み出し方を今作のヒットから学ぶことができました。しかし、次に作者が描きたいものは忍者マンガではなく、まったく別ジャンルのSFです。今作のファンからするとテーマがガラッと変わるため、そこにギャップを感じる人もいるでしょう。今作とは異なるテーマを描くということは、今までの延長で執筆を続けるのではなく、別の知識や技術が必要になってきます。

図 4-21 マンガの失敗：見つかった問題／困っている人

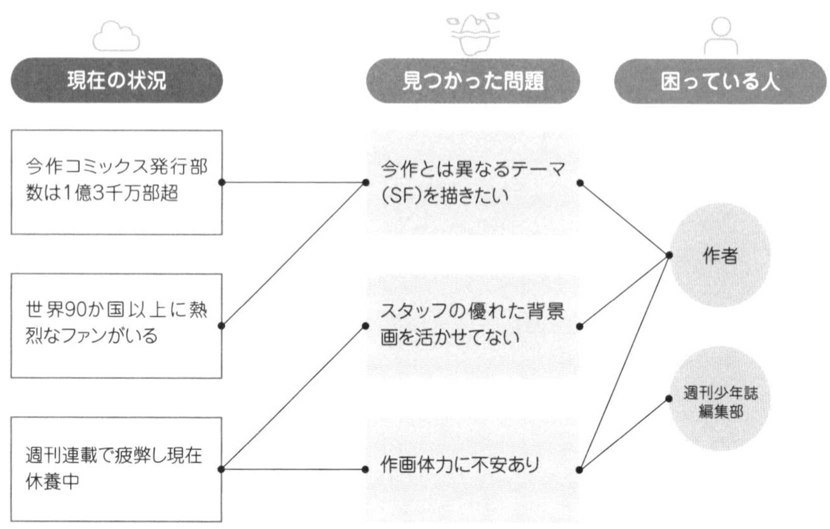

また、現在週刊連載をお休みしていますが、今作制作時、チームで背景画をアシスタントしていたスタッフのセンスに驚き、育成者の立場として、このスタッフの優れた背景画を活かした場をつくってあげたいという考えがありました。

週刊少年誌編集部の立場からすると、作者にはぜひ次の作品を同じ週刊連載でやってほしいとの期待があります。ですが、作者本人としては、今作と同じ週刊連載ペースでストーリーと作画をやることは体力面の不安を感じています。自分のやりたいこと／スタッフの育成／週刊連載の体力をどうするかが目前の問題といえるでしょう。

以上が「❸a：見つかった問題」と「❸b：困っている人」です（図4-21）。

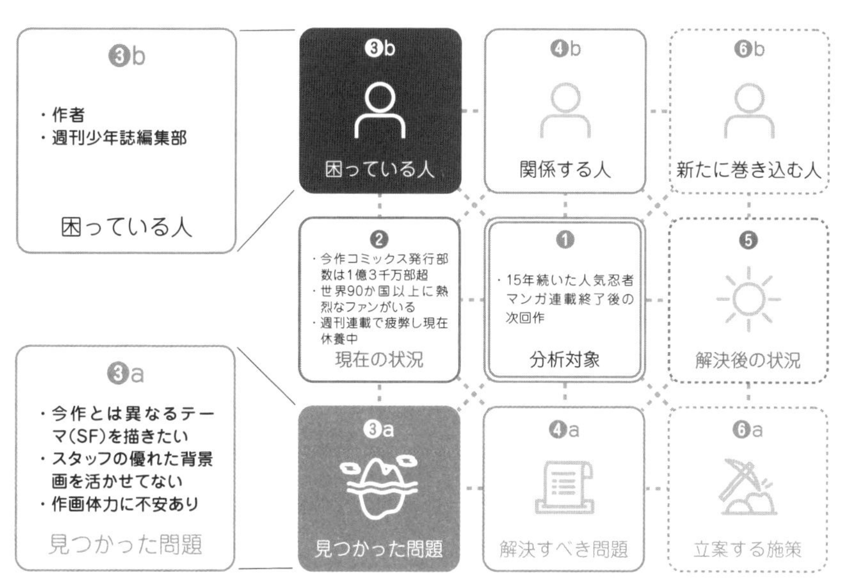

手順④：解決すべき問題／関係する人

「❸a：見つかった問題」を掘り下げます。

今作と異なる「SF」を次回作のテーマにするのに、一番の問題はテーマの難しさです。ヒットしているマンガを振り返ると、SFというジャンルにあてはまる作品は少数です。それは、ストーリーに深みを持たせるために世界観をつくり込むほど、読者が背景を理解するのに時間がかかるため、途中で脱落する割合が高まるからです。

短時間で理解させるか、興味を持たせ続ける仕組みなど、読者が受け入れやすいSF設定が必要です。

図 4-22　マンガの失敗：解決すべき課題／関係する人

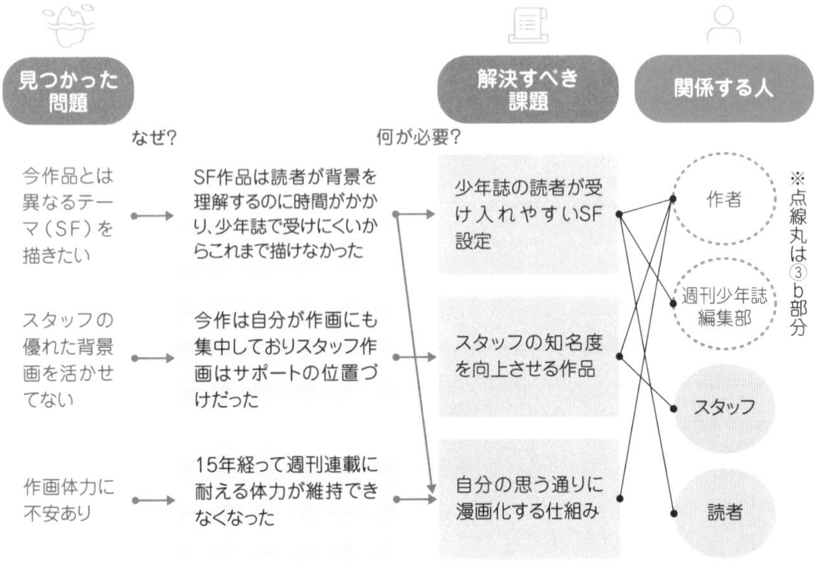

スタッフの優れた背景画を活かせていないのは、今作で作画の中心を作者自身が担っていたからです。今度はスタッフ作画の知名度を向上させる作品が必要だと感じています。

作画体力に不安があることは、15年経って相応に体力が衰えてきたからです。朝から晩まで休みなくマンガに向き合う週刊連載作品は、今の体力でこれまでと同じやり方では早晩限界が来ます。しかし、作品の質は落としたくありません。ストーリーも作画も自分が責任を持ちながら、思い通りに漫画化する仕組みが必要になります。

以上が「❹a：解決すべき課題」と「❹b：関係する人」です（図4-22）。

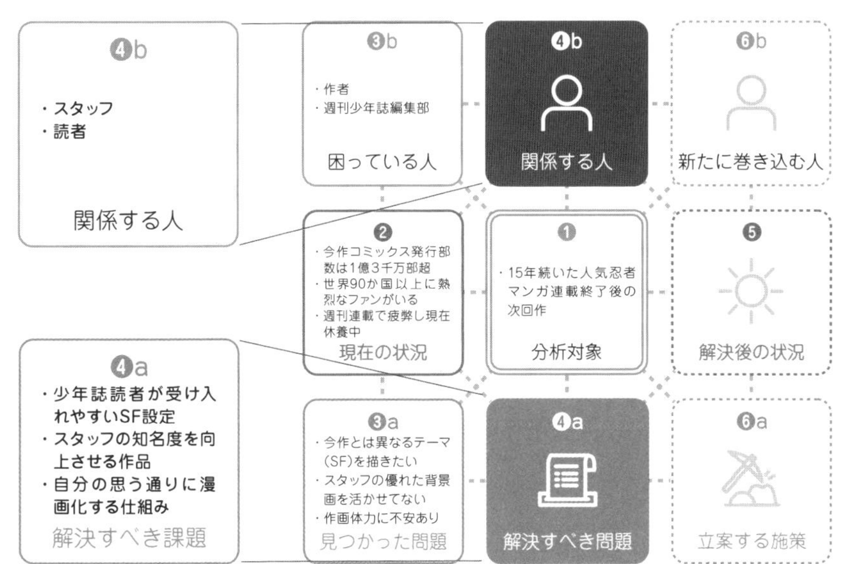

手順⑤：解決後の状況

「❷：現在の状況」に対して、目指したいゴールを考えてみましょう。

次回作をやるからには当然ヒット作を目指したいです。今作はコミックス発行部数が15年で1億3千万部を超える世界的なヒット作品でした。週刊連載作品は1年で4～5冊の単行本を発売します。今作は全部で72巻完結となったので、1冊200万部近く発行されたことになります。

これほどのヒット作は狙ってつくれるものではありませんが、できるなら、今作よりも多くのファンを獲得し、世界観やストーリーに工夫を凝らした作品を楽しんでもらいたいですね。

図 4-23 マンガの失敗：解決後の状況

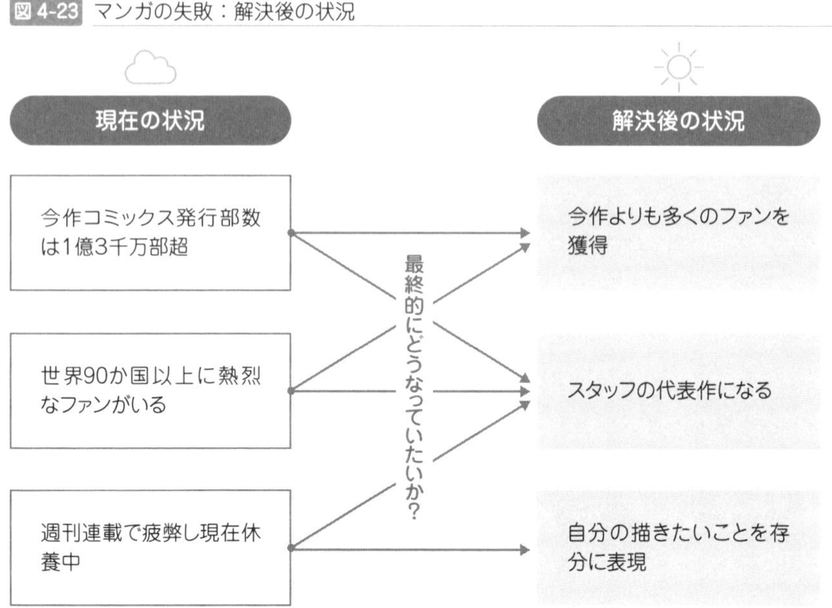

世界90か国以上に熱烈なファンがいるのも今作の特徴です。忍者といえば海外ではメジャーなキャラクター像です。忍者をテーマにした海外有名作品も複数あり、受け入れやすいテーマだったと思います。次回作もそうした要素を含めて、今作を超える人気作品に育て上げたいです。

現在は週刊連載が終わって休養中でしたが、そろそろ次回作の実現に向けて本格稼働していきましょう。この作品は自分が描きたいことを存分に表現できるものであると同時に、スタッフの代表作になってほしいという願いもあります。それらを両立させる仕組みを実現できれば、読者も含めて、皆が楽しみながら連載が進む作品をつくり上げることができるでしょう。

以上が「❺：解決後の状況」です（図4-23）。

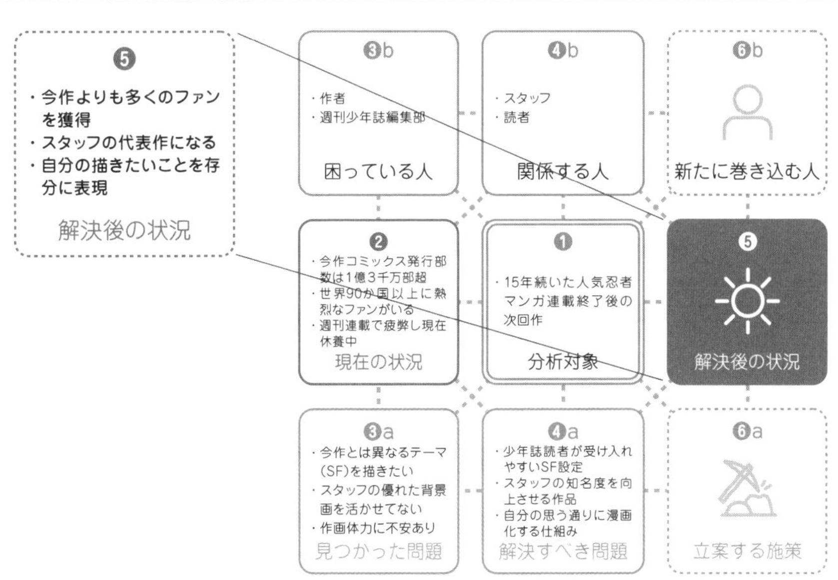

手順⑥：立案する施策／新たに巻き込む人

最後に「❺：解決後の状況」を踏まえて、それを実現するために立案する施策と新たに巻き込む人を考えます。

今作よりも多くのファンを獲得するなら、今作で培った大ヒットマンガノウハウにもとづいて企画案を考えてみてはどうでしょうか。ヒット作を連作している漫画家も多くおり、ヒットは狙ってつくることができるはずです。今作でも15年の長きにわたって人気を維持することができたのも、自分なりに培ったノウハウがあったからです。

このノウハウは作品をスタッフの代表作に押し上げるのに役立つはず。そのためには、作者自身が少なくとも原作として参加し、ストーリーや世界観をつくる立場であるべきです。

図 4-24 マンガの失敗：立案する施策／新たに巻き込む人

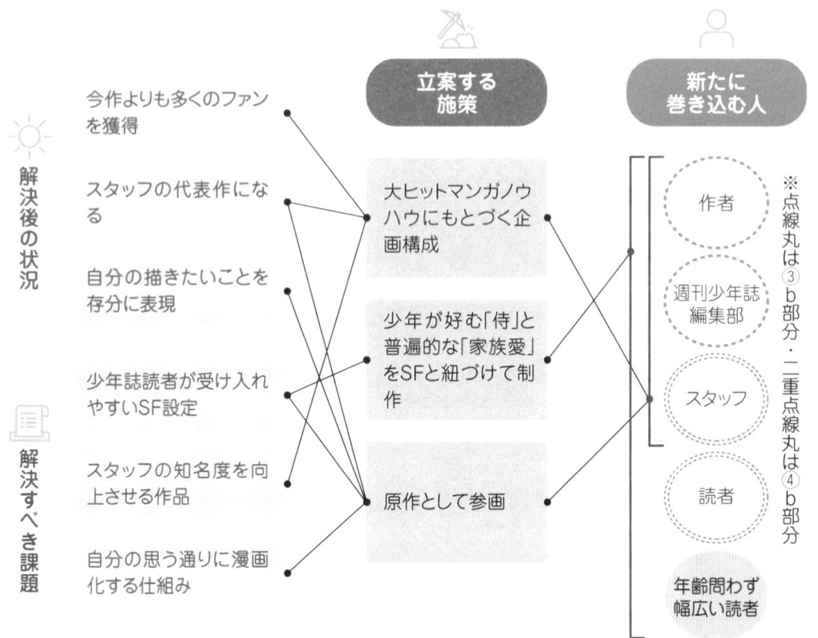

原作として参画することで、自分が描きたかったSF設定をストーリーの中心にすることができます。つくり込んだ設定は理解に時間がかかるかもしれませんが、今作でヒットした忍者に近い「侍」要素を組み込むことで、読むストレスを打ち消すだけの興味を掻き立てることができるはず。

売れる作品にするために編集部と相談してテーマを決めたのが今作でしたが、その実績を背景に、次回作は自分の表現したいことを存分にやらせてもらおうと思っています。全年齢層が共感する普遍的なテーマ「家族愛」をSFと組み合わせれば、中盤からどんどん人気が上昇し、年齢問わず幅広い読者から支持される記録的な作品になるでしょう。

以上が「❻a：立案する施策」と「❻b：新たに巻き込む人」です（図4-24）。

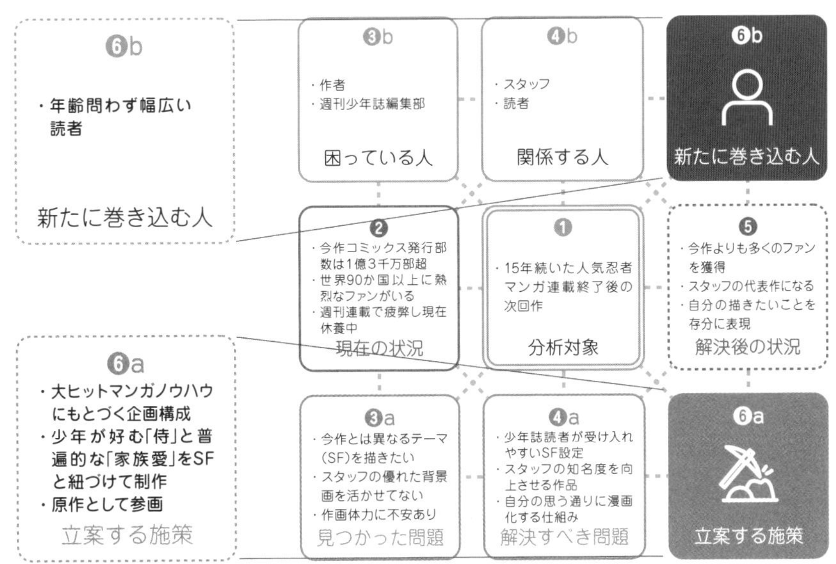

作成した問題分析マンダラート

これまでのケーススタディと同じく、問題分析マンダラートと優先度マトリクスのたたき台をまとめました（図4-25）（図4-26）。

このケーススタディは週刊少年ジャンプに2019年から2020年まで連載されていた『サムライ8 八丸伝』を題材にしています。

図 4-25 マンガの失敗：問題分析マンダラート

現状 → 今後

だれ	❸b ・作者 ・週刊少年誌編集部 困っている人	❹b ・スタッフ ・読者 関係する人	❻b ・年齢問わず幅広い読者 新たに巻き込む人
どうなる	❷ ・今作コミックス発行部数は1億3千万部超 ・世界90か国以上に熱烈なファンがいる ・週刊連載で疲弊し現在休養中 現在の状況	❶ ・15年続いた人気忍者マンガ連載終了後の次回作 分析対象	❺ ・今作よりも多くのファンを獲得 ・スタッフの代表作になる ・自分の描きたいことを存分に表現 解決後の状況
どうする	❸a ・今作とは異なるテーマ(SF)を描きたい ・スタッフの優れた背景画を活かせてない ・作画体力に不安あり 見つかった問題	❹a ・少年誌読者が受け入れやすいSF設定 ・スタッフの知名度を向上させる作品 ・自分の思う通りに漫画化する仕組み 解決すべき問題	❻a ・大ヒットマンガノウハウにもとづく企画構成 ・少年が好む「侍」と普遍的な「家族愛」をSFと紐づけて制作 ・原作として参画 立案する施策

この作品は2014年まで連載されていた『NARUTO-ナルト-』の次回作にあたり、連載開始前は大きな期待が寄せられていましたが、序盤から人気が上がらず、単行本は当初想定の半分の５巻で打ち切りとなりました。

世界的ヒット作を生み出した岸本氏が原作、その岸本氏が絶賛したスタッフの大久保氏が作画を担当したこの作品はよく練られたコンセプトでしたが、SF世界観と婉曲な表現が複雑さを助長し、読者からの支持を得ることはできませんでした。

図 4-26 マンガの失敗：優先度マトリクスのたたき台

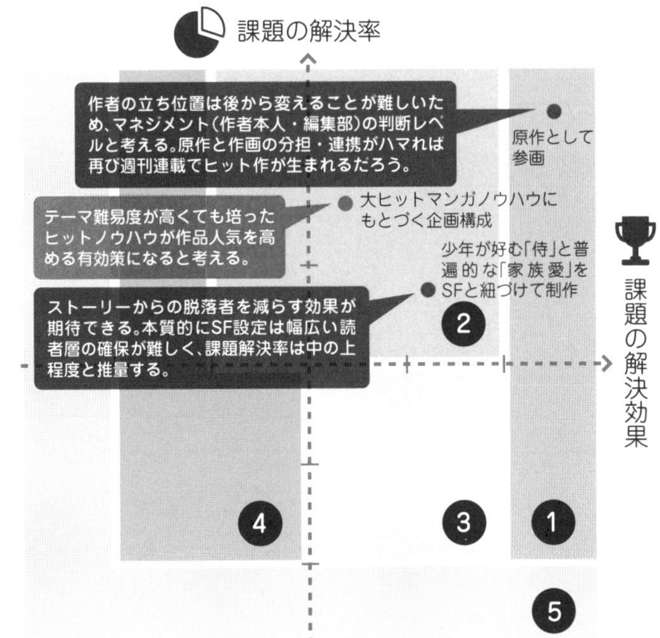

ケーススタディ：問題分析マンダラート（成功ケース）

あなたは推理探偵風ブラックコメディマンガ（以降、今作と表記）の作者です。４年にわたって週刊少年誌に連載し、連載終了時にはコミックス発行部数は400万部以上、最終回の読者アンケートではなんと１位になる快挙を達成しました。

しかし、誌上の評価の高さの割にはコミックス発行部数は多くありません。人気作なら１巻当たり100万部を超えることもある中で、今作は23巻あり、１巻当たり20万部ほどです。なぜ人気が売上に直結しないのか、このタイミングで分析して次回作のインプットにしようと思います。

作者としては、今作は読みやすさを相当意識したつもりでした。マンガの価値は「お金を払ってまで読みたいほどの面白いマンガであるか」だと考えています。読者は金と労力と時間をかけてマンガを読みます。それを上回るメリットを読者が感じれば、その作品は読んでもらえるし、そうでなければ読者は離れていきます。

今作はストーリーの展開に深みを持たせるために、いくつもの伏線を張り、それらをうまく回収してきました。しかも、いつ打ち切りの連絡が来ても対応できるよう、複数の作品終了案を用意しており、今作の最終回は最も長くストーリーが続いたベストケースです。

最終回の読者アンケートが１位になったのも、そうした工夫がすべてうまく作用したからだと考えていましたが、それではなぜ売上が伴わなかったのでしょう。

分析して気づいたのはメディアミックスに関してです。人気作はメディアミックスに成功しており、アニメ／CD／小説／ゲーム／グッズ／映画／企業タイアップなど多岐にわたる展開をしているのに、今作はそれが十分ではありませんでした。

アニメ化するには至ったものの、原作が完結する前であったため、オリジナルストーリー挿入やキャラクターの描き方の違いが生じました。そのことが原作ファンの反発を招き、アニメ化の勢いを活かしきれなかったことは残念でした。

作品には人間の成長もテーマに据えて、時事ネタも適度に組み込んでありました。しかし、登場人物が違法薬物でドーピングスープをつくったり、残酷描写が多かったりしたことで、成熟した価値観を持つ年配層からの人気はありつつ、一般的には公序良俗面で使いづらい作品になっていたことも否めません。

このままでは「変わったマンガを描いたトリッキーな作者」という一発屋で終わってしまう恐れがあります。次回作をヒットさせるためにどのようにしたらいいでしょうか？

このケーススタディでは、前述した情報に加えて、当時のニュースや作者への取材情報を、問題分析マンダラートを使って、次回作に向けてどんな問題解決アプローチができたか整理します。

手順①：分析対象

問題分析マンダラートの分析対象を最初に決めます。

ケーススタディの説明によると、人気はあれどもメディアミックスで躓(つまず)いた漫画の連載終了後、次回作をどうつくったらいいか考えたい、ということでした。

“分析対象”を次回作とし、どんな状況にあるか／どんな問題が見つかっているかについては、別の箇所に記録しましょう（図4-27）。

図4-27 マンガの成功：分析対象

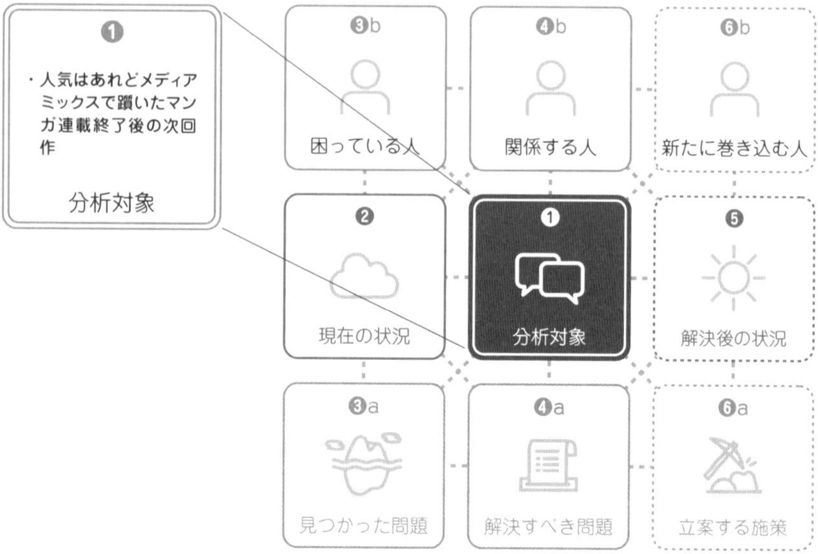

手順②：現在の状況

ケーススタディの説明では、今作は王道とはいえないものの読者アンケートで最終回１位を獲得したほどの人気作であることが分かります。しかし、それとは比例しない売上の低さが気になります。１巻当たり20万部に留まる発行部数、メディアミックスもアニメ化まではたどり着きましたが、映画化には届きませんでした。

以上が「❷：現在の状況」です（図4-28）。

図 4-28 マンガの成功：現在の状況

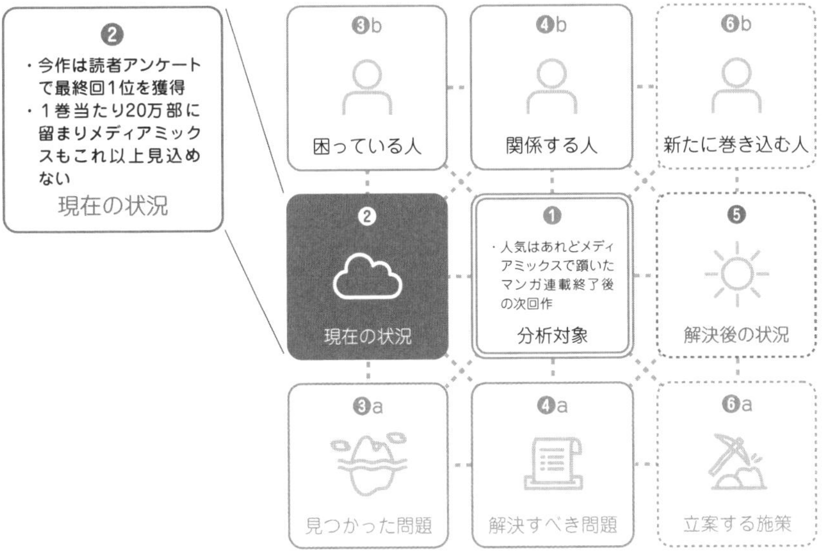

手順③：見つかった問題／困っている人

問題分析マンダラートの「❷：現在の状況」はすでに困っている状況も書かれていますが、困っている人の立場から見て、どんなことが困っていること（問題）なのかを整理してみましょう。

作者としては、内容がダークでトリッキーであったために年配層が主なファンになっていたことが問題でした。そうした層がファンになるのは構いませんが、週刊少年誌のコンセプト「友情・努力・勝利」を覆い隠すほどのトリッキーさによって、王道好きな読者からは距離が生まれてしまったようです。

図 4-29 マンガの成功：見つかった問題／困っている人

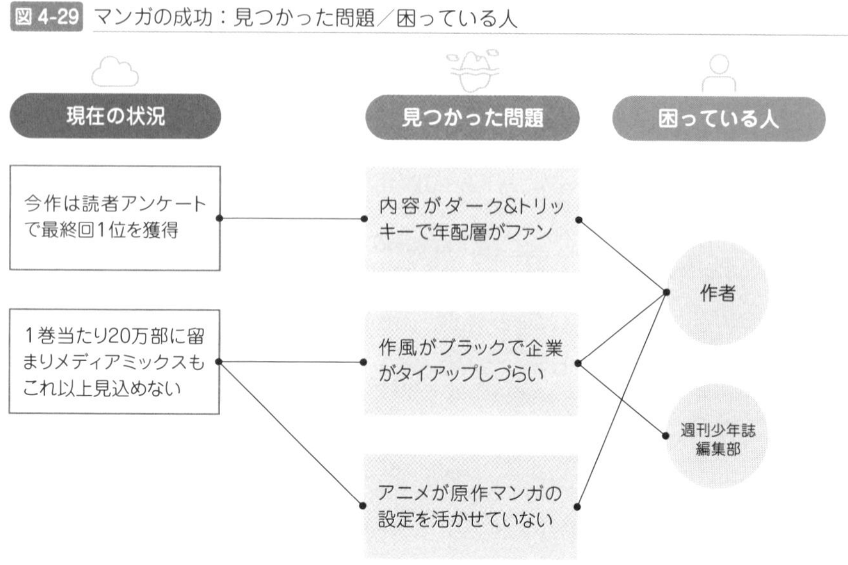

メディアミックスの不調も、やはり作風がブラック過ぎたことが原因です。これには週刊少年誌編集部も困ったことでしょう。違法薬物を使ってコンソメスープをつくるシェフが作中の人気キャラという作品を、健全なイメージで企業へ売り込むことはできません。企業の商品やサービスとタイアップすることは難しく、アニメ化・ゲーム化するのが限界でした。

しかし、アニメ化については大きな問題が発生しました。原作マンガとアニメでキャラクターの描き方に見過ごせないレベルの違いが生じてしまいました。アニメではオリジナルストーリーが展開されたのも、原作ファンからの反発を受けます。本来はアニメ化によって原作人気が加速するところだったのに、うまく勢いに乗せることができませんでした。

以上が「❸a：見つかった問題」と「❸b：困っている人」です（図4-29)。

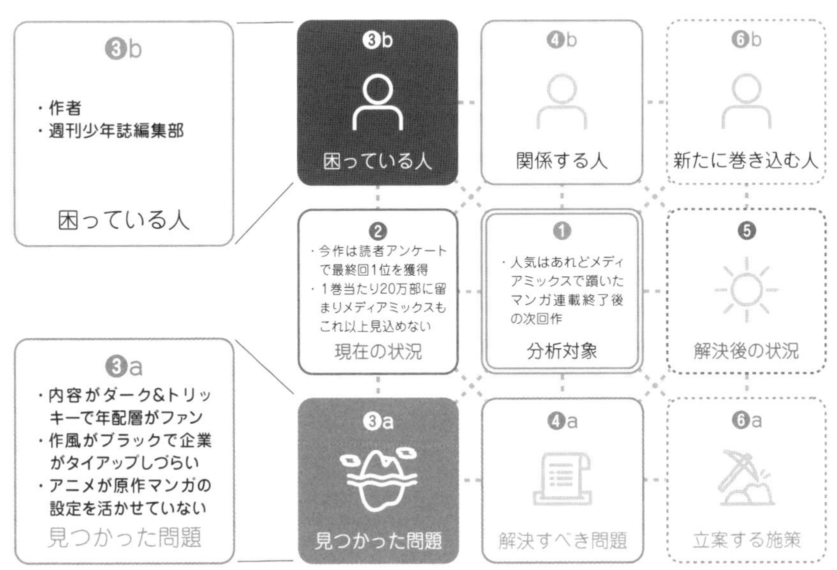

手順④：解決すべき問題／関係する人

「❸a：見つかった問題」を掘り下げます。

今度こそ作品を成功させるには、ダークでトリッキーな内容から転換し、少年誌の読者層を意識した作風が必要です。求められる作風は「友情・努力・勝利」であり、これら要素を踏まえて、少年誌の読者層を意識した作風をつくり上げる必要があります。そこにはヒット作品に共通する要素があるはずで、一発屋で終わらない戦略的な作品づくりも必要でしょう。

企業とのタイアップがうまくいないのは、作品全体がブラックなテーマ

図 4-30 マンガの成功：解決すべき課題／関係する人

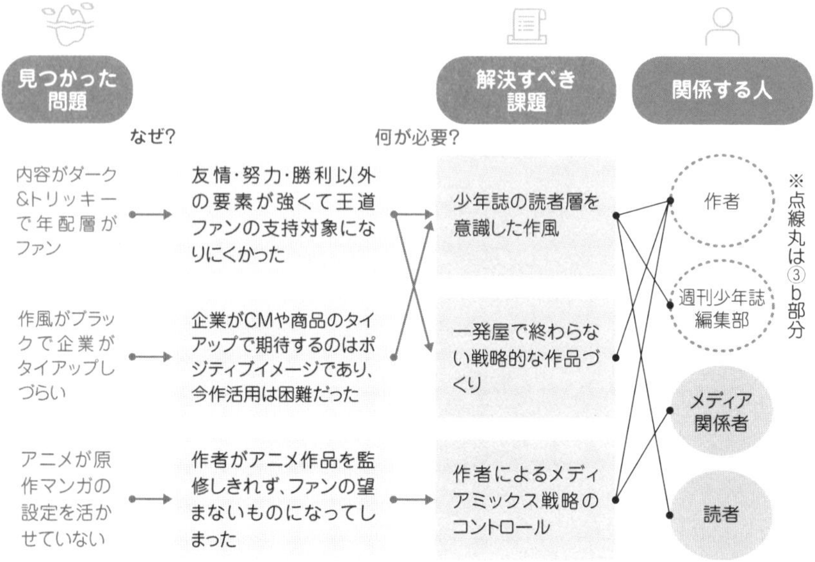

を扱っているからです。どの企業も自社のブランド価値や売上を向上させたいと思っていますが、ともすると悪い印象を与えかねない今作をCMに起用してもらうことは難しかったようです。たとえば、『ONE PIECE』は主人公が海賊ですが、友情・努力・勝利を前面に打ち出しポジティブなイメージで様々な企業タイアップに成功しています。

アニメが原作マンガをうまく活かせなかったのは、作者がアニメ作品を監修しきれず、ファンの望まないものになったからです。ヒット作は、アニメ化で新しいファン層を獲得して人気を飛躍的に拡大させています。『鬼滅の刃』や『呪術廻戦』などは、アニメならではの優れた演出で原作マンガの売上が急増しました。作者によるメディアミックス戦略のコントロールが必要だと感じます。

以上が「❹a：解決すべき課題」と「❹b：関係する人」です（図4-30）。

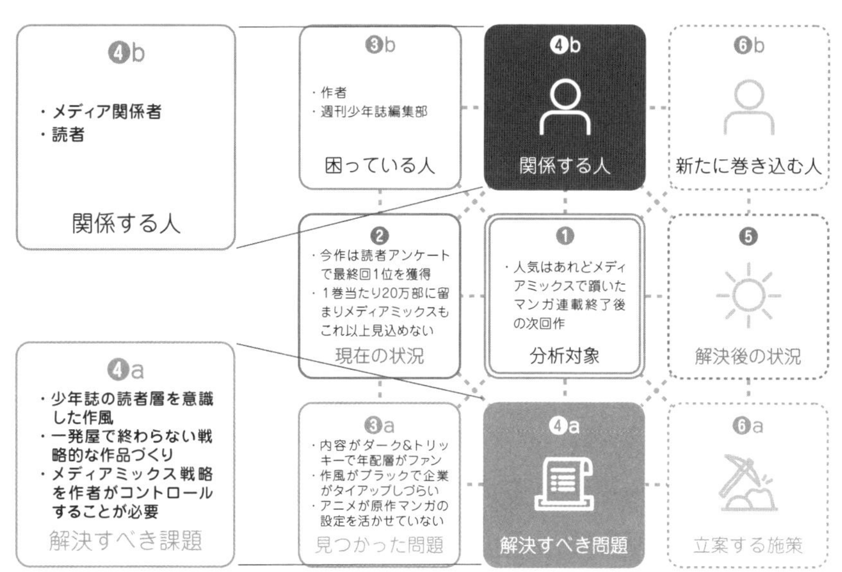

手順⑤：解決後の状況

「❷：現在の状況」に対して、目指したいゴールを考えてみましょう。

今作は人気に売上が伴いませんでした。週刊少年誌の読者アンケートで1位を獲得するというのは並大抵のことではありません。1巻当たり発行部数も20万部程度でしたが、同程度の人気を誇る他のヒット作品と比べれば1巻当たり100万部も目指せたはずです。ダークなテーマ例として、死神を扱った『BLEACH』と『DEATH NOTE』は、前者が150万部以上、後者は250万部を1巻当たり売り上げています。どうせ目指すなら目標高く、その規模を狙って次回作の準備をしていきたいところです。

図4-31 マンガの成功：解決後の状況

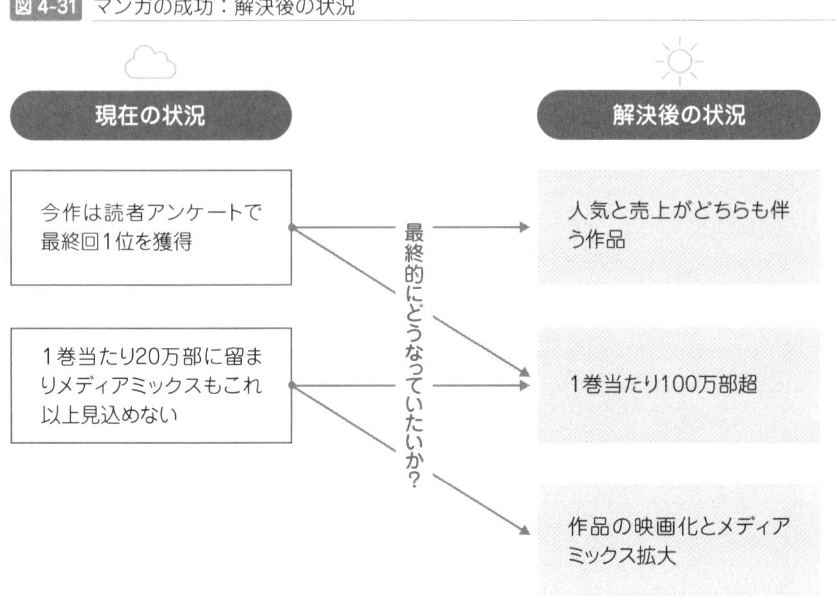

それほどのヒット作であれば、メディアミックスも順調に進むことでしょう。アニメ化・小説家・ゲーム化はもちろん、念願の映画化によって作品はさらに多くの支持を得ることができるはずです。

人気作の中には何度も映画化を果たしている作品もあります。前述した『ONE PIECE』はかつて毎年、最近も３年に１回は映画作品が発表されています。ブラックな作風であっても『DEATH NOTE』は４回の映画化を果たしました。

また、メディアミックスや企業タイアップがされやすい作品は、原作終了後も企画案件が持ち込まれ、それによる人気継続が期待できます。今作の教訓を活かし、次回作こそは幅広い層から支持される作品を生み出していきましょう。

以上が「❺：解決後の状況」です（図4-31）。

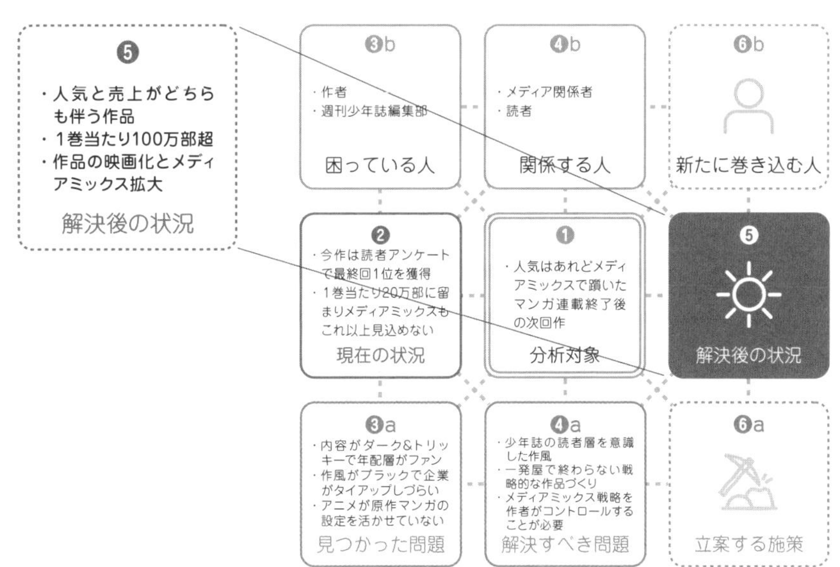

手順⑥：立案する施策／新たに巻き込む人

最後に「❺：解決後の状況」を踏まえて、それを実現するために立案する施策と新たに巻き込む人を考えます。

次回作で１巻当たり100万部超を目指すには、戦略的な作品制作が必要です。今作では人気度に応じて早期打ち切りシナリオを複数考えていましたが、次回作は複数のストーリーパターンから最適と思われる組み合わせでシナリオを進化させていくことにします。読者からの人気が得られないキャラやシーンは極力省きます。

他にも、ストーリー大筋がシンプル／シーンごとのメッセージ明確化／文字数そぎ落とし／疲れないコマ割り／意味を兼ねる構成といった構成技

図 4-32 マンガの成功：立案する施策／新たに巻き込む人

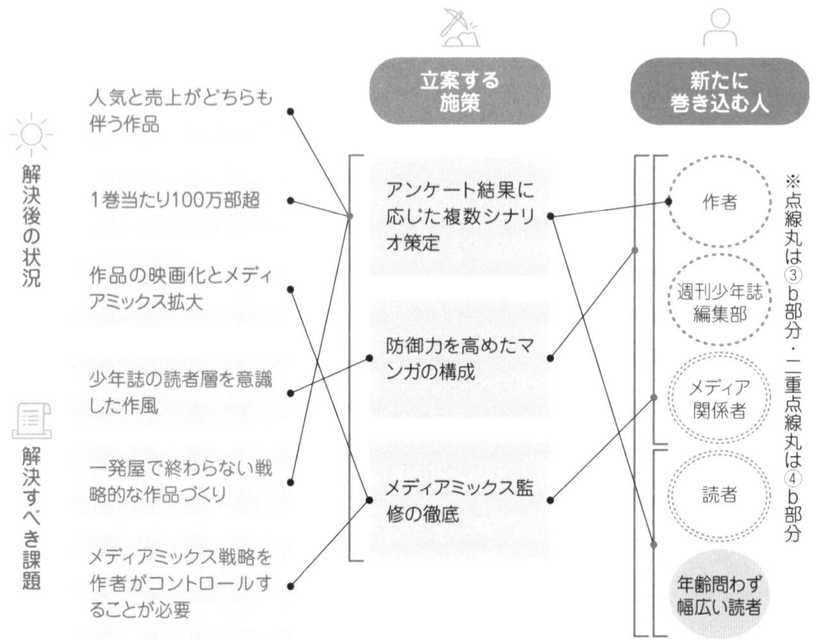

術を組み合わせ、離脱する読者を減らす「防御力を高めたマンガ構成」を徹底していこうと思います。そうすれば、年齢問わず幅広い読者からの支持を取りつけることができるはずです。

メディアミックスでやりたいのは、今作でできなかった映画化を最大限活かした展開です。たとえば、映画を前編後編に分けて、前編はマンガ連載の中盤あたり、後編をマンガの最終回と同時に公開するというのは過去にない面白い仕掛けになるのではないでしょうか。

そのためにはマンガ公開前から編集部やメディア関係者を交えてメディアミックス戦略を煮詰め、作者自身がその中心になって綿密な計画を立てていかなければならないでしょう。

以上が「❻a：立案する施策」と「❻b：新たに巻き込む人」です（図4-32）。

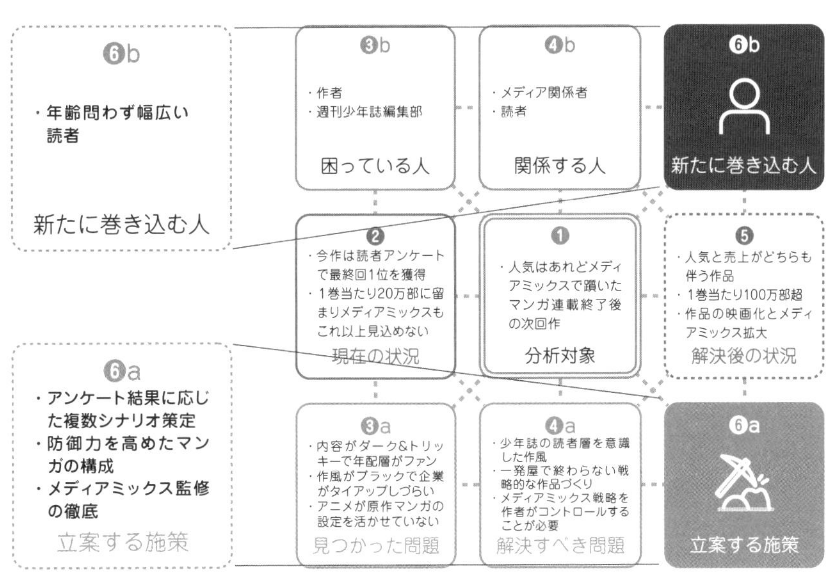

 作成した問題分析マンダラート

これまでのケーススタディと同じく、問題分析マンダラートと優先度マトリクスのたたき台をまとめました（図4-33）（図4-34）。

このケーススタディは週刊少年ジャンプに2012年から2016年まで連載されていた『暗殺教室』を題材にしています。

図4-33 マンガの成功：問題分析マンダラート

	現状		今後
だれ	❸b ・作者 ・週刊少年誌編集部 困っている人	❹b ・メディア関係者 ・読者 関係する人	❻b ・年齢問わず幅広い読者 新たに巻き込む人
どうなる	❷ ・今作は読者アンケートで最終回1位を獲得 ・1巻当たり20万部に留まりメディアミックスもこれ以上見込めない 現在の状況	❶ ・人気はあれどメディアミックスで躓いたマンガ連載終了後の次回作 分析対象	❺ ・人気と売上がどちらも伴う作品 ・1巻当たり100万部超 ・作品の映画化とメディアミックス拡大 解決後の状況
どうする	❸a ・内容がダーク&トリッキーで年配層がファン ・作風がブラックで企業がタイアップしづらい ・アニメが原作マンガの設定を活かせていない 見つかった問題	❹a ・少年誌の読者層を意識した作風 ・一発屋で終わらない戦略的な作品づくり ・メディアミックス戦略を作者がコントロールすることが必要 解決すべき問題	❻a ・アンケート結果に応じた複数シナリオ策定 ・防御力を高めたマンガの構成 ・メディアミックス監修の徹底 立案する施策

作者の松井氏は2009年まで『魔人探偵脳噛ネウロ』を連載していましたが、人気がコア層に留まったことを踏まえ、次回作は戦略的に制作に取り組んだと述べています。

その取り組みは奏功し、累計発行部数2,500万部、1巻当たり120万部ものヒットを記録しています。ジャンプ誌面でマンガの最終回と後編映画の公開をピッタリ合わせられたことも、空前のイベントとして大いに人気を盛り上げました。Web上のインタビュー・講義／仕事論を語った書籍にそうしたエピソードが詳しく語られています。

図4-34 マンガの成功：優先度マトリクスのたたき台

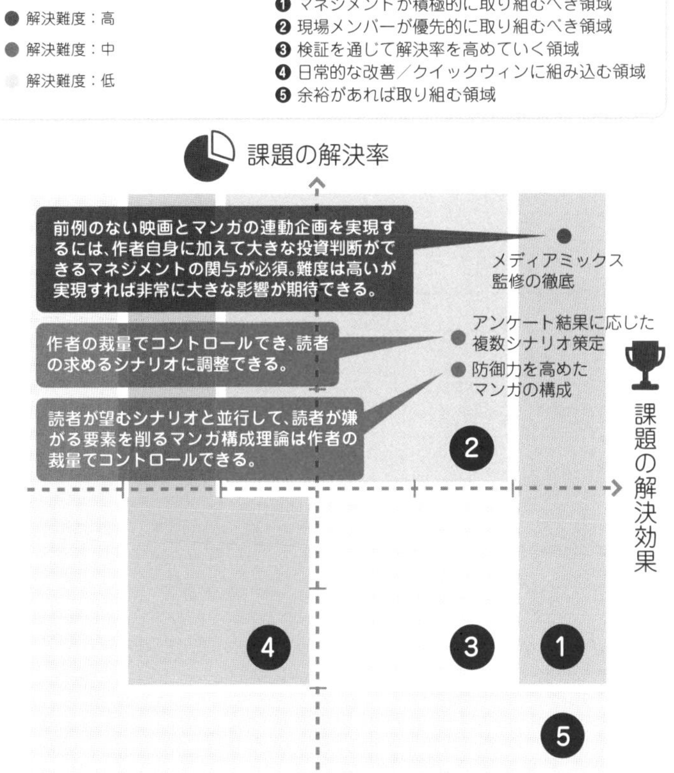

総括：マンガの失敗／成功

週刊少年ジャンプで人気マンガ家が次なるヒットを狙った2つのマンガ（サムライ8、暗殺教室）は、失敗と成功の両極端でした（図4-35）（図4-36）。

どちらも今作で培ったノウハウを活かそうとしていますが、サムライ8は「読者に負担をかけるが作者が書きたいこと」、暗殺教室は「作者に負担をかけるが読者が読みたくなること」を重視していたと気づきます。

図 4-35 （再掲）マンガの失敗：問題分析マンダラート

❸b 困っている人	❹b 関係する人	❻b 新たに巻き込む人
・作者 ・週刊少年誌編集部	・スタッフ ・読者	・年齢問わず幅広い読者

❷ 現在の状況	❶ 分析対象	❺ 解決後の状況
・今作コミックス発行部数は1億3千万部超 ・世界90か国以上に熱烈なファンがいる ・週刊連載で疲弊し現在休養中	・15年続いた人気忍者マンガ連載終了後の次回作	・今作よりも多くのファンを獲得 ・スタッフの代表作になる ・自分の描きたいことを存分に表現

❸a 見つかった問題	❹a 解決すべき問題	❻a 立案する施策
・今作とは異なるテーマ(SF)を描きたい ・スタッフの優れた背景画を活かせてない ・作画体力に不安あり	・少年誌読者が受け入れやすいSF設定 ・スタッフの知名度を向上させる作品 ・自分の思う通りに漫画化する仕組み	・大ヒットマンガノウハウにもとづく企画構成 ・少年が好む「侍」と普遍的な「家族愛」をSFと紐づけて制作 ・原作として参画

マンガのヒットは読者からの支持に支えられています。２つの作品は描こうとしているテーマは家族愛や友情、幅広い読者に響くものでした。しかし、NARUTOのヒットを背景に読者の姿勢に甘えてしまったサムライ８と、弱者の立場を自覚し読者の姿勢に向き合った暗殺教室では、読者からの支持に大きな差がついてしまいました。

これら２つのケーススタディから得られる示唆は、たとえ**自分が有利な立場にいたとしても、成功を相手に委ねるような振る舞いは避け、自ら成功を追う姿勢であり続けることの重要さ**です。チャレンジする攻めの姿勢は大事ですが、味方が離れていく理由をつくらないよう、攻めと守りのバランスを意識しましょう。

図 4-36 (再掲) マンガの成功：問題分析マンダラート

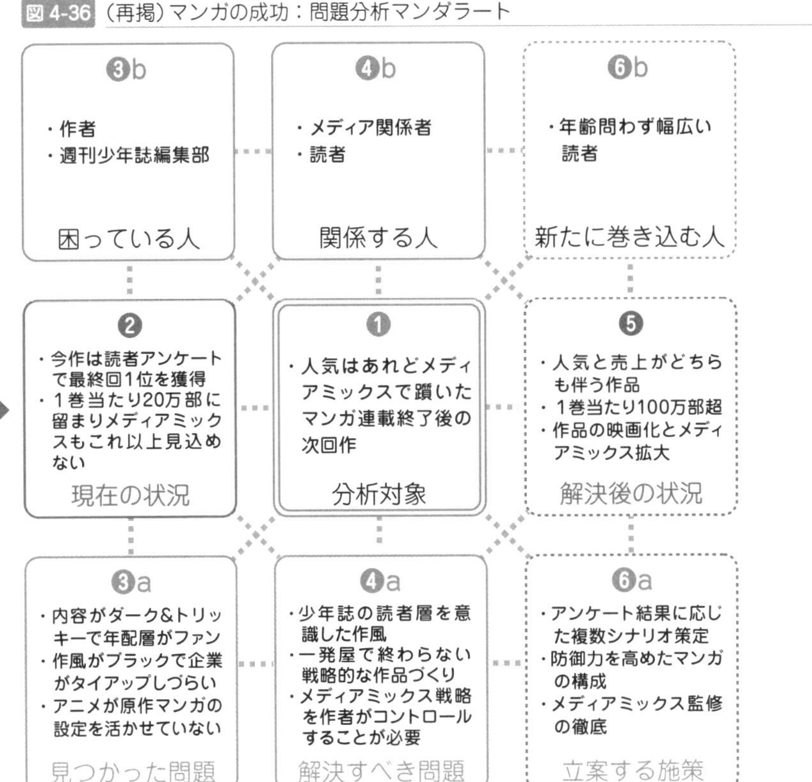

第2部

4-03 後発TV局の失敗／成功

ケーススタディ：問題分析マンダラート（失敗ケース）

2012年8月、サービス開始から３か月経過した「NOTTV（ノッティーヴィー）」は苦境に立たされていました。

NOTTVとは、TVの地上波デジタル化で空いたアナログ放送帯域を使った、スマートフォン（以下、スマホ）向けTVサービスであり、いわゆるネットTV局です。国主導で様々な企業が関わっており、NTTドコモのグループ会社がTV局運営会社（以降、運営会社）になります。

NOTTVはスマホ向け動画番組をインターネット通信配信ではなく電波放送（VHF帯）で視聴できます。サービス企画した当時、スマホの利用拡大は急激に増える一方、動画コンテンツを観るための充分な通信速度は確保困難であると予測していました。そこで、ワンセグのようにライブで動画番組を視聴しつつ、要所でネット連動したりコンテンツをダウンロードできるようにしたのがNOTTVでした。

当初の目標は初年度100万件契約（以降、ユーザー数と見なす）でしたが、開業３か月経過時点で10万ユーザーに留まっており、このままでは目標の半分にも届きません。

ユーザー数が増えない理由はいくつか思い当たります。

まず、NOTTVを利用可能な端末が２機種しかありません。それぞれ国内メーカー産のスマホとタブレットです。それ以外の機種は外部チューナーが必要になります。利用を拡大させるにはチューナーなしで使える機種を広めたいですが、人気機種は他にありました。

開業当初とはいえ、動画番組の少なさ（約50番組）も気になります。リアルタイム放送とシフトタイム（蓄積型）放送の組み合わせで番組を提供していますが、ネット上にある無数の動画コンテンツと比べると物足りないでしょう。

サービス利用料金は税込420円という超低価格に設定しており、正直安すぎる金額だと反省しています。その分、損益分岐点の金額が600万ユーザーまで上振れしていますが、その点はあまり心配していません。

2012年、ドコモに6,000万ユーザーがいるとして、そのうち２割がスマホ利用者だと考えると、NOTTVの潜在ユーザーは1,200万です。対応機種を増やし、スマホ利用者の半分が視聴可能な機種になれば、600万ユーザーに達します。

年数が経過すれば、最終的な目標として掲げる1,000万ユーザーを優に超える規模に成長できるとも考えています。

企業から500億円の出資を受けており、多くの関係者の期待を背負っている以上、サービスをなんとしても成功させなければいけません。

NOTTVの運営会社として、サービス利用者を増やして目標を達成するにはどうしたらいいでしょうか？

手順①：分析対象

問題分析マンダラートの分析対象を最初に決めます。

ケーススタディの説明によると、携帯電話会社が運営するスマホ向けTV局「NOTTV」について、サービス利用者を増やすにはどうしたらいいか考えたい、ということでした。

“分析対象”をNOTTVとし、どんな状況にあるか／どんな問題が見つかっているかについては、別の箇所に記録しましょう（図4-37）。

図4-37 後発TV局の失敗：分析対象

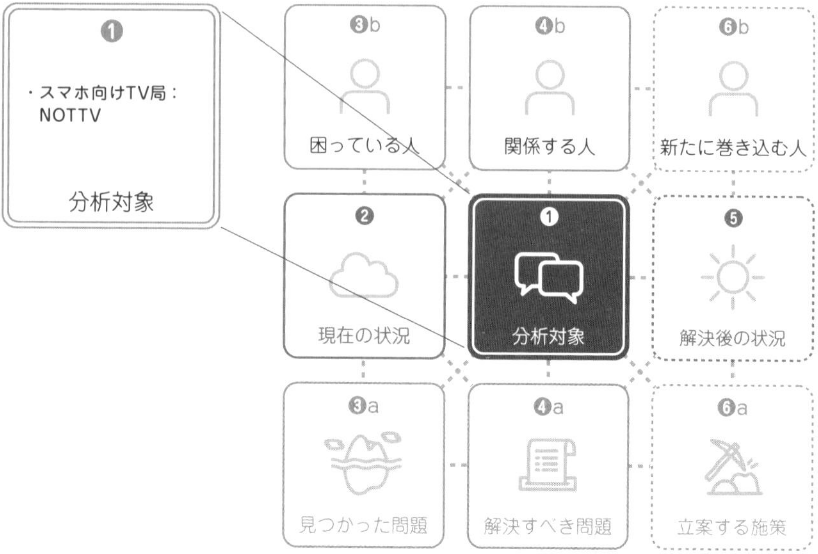

手順②：現在の状況

ケーススタディの説明では、NOTTVは、スマホ向け動画番組をインターネット通信ではなく電波放送で提供するサービスだと分かります。スマホ上で視聴するという特性を活かし、ネットを連動させた番組やあとで視聴できるようにダウンロード（コンテンツDL）に対応しています。

しかし、開業３か月で10万ユーザーしか利用しておらず、このままだとユーザー数は目標の1/3に留まることになります。

以上が「❷：現在の状況」です（図4-38）。

図4-38 後発TV局の失敗：現在の状況

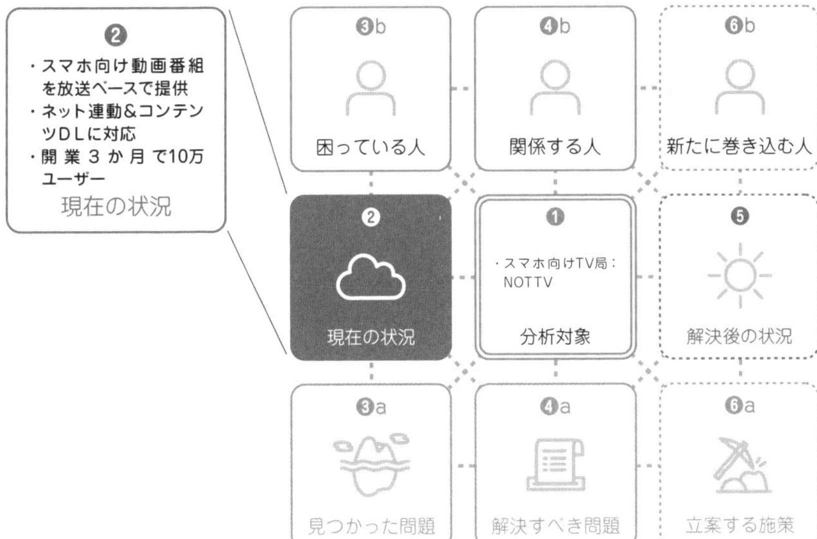

手順③：見つかった問題／困っている人

問題分析マンダラートの「❷：現在の状況」はすでに困っている状況も書かれていますが、困っている人の立場から見て、どんなことが困っていること（問題）なのかを整理してみましょう。

運営会社の立場としては、いくらNOTTVの中身に自信があっても、視聴できる端末が２機種しかない状態では、そもそも多くのユーザーが利用できる状況にないと考えます。しかもその機種よりも売れている端末が他にあり、それでNOTTVを視聴するなら外付けチューナーが必要になります。これでは開業３か月で10万ユーザーに留まっても仕方がないです。

図 4-39 後発TV局の失敗：見つかった問題／困っている人

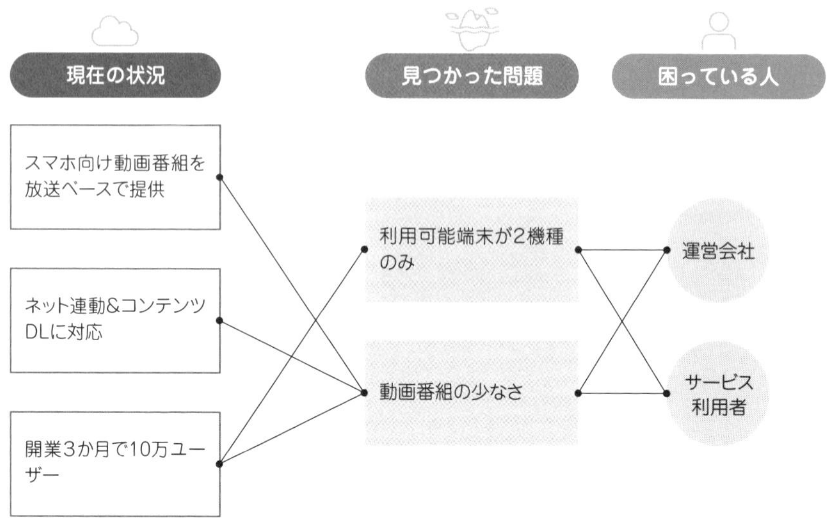

動画番組の少なさも問題です。

SNSへの投稿を反映させる仕組みを備えるリアルタイム放送（ライブ番組）がいくつかありますが、どの番組も投稿者が少数のために同じ投稿者が何度も登場しています。多くのユーザーが投稿参加しなければ活気が生まれず、人気が落ちていきます。

リアルタイム放送以外にシフトタイム放送（あらかじめ録画＆蓄積された番組）もありますが、他のビデオ・オンデマンドサービスに比べて番組数がかなり少なく、競争力は弱いと考えられます。

以上が「❸a：見つかった問題」と「❸b：困っている人」です（図4-39）。

第1部「整理」をする
第2部「問題解決」をする
第3部「仕事の最適化」をする

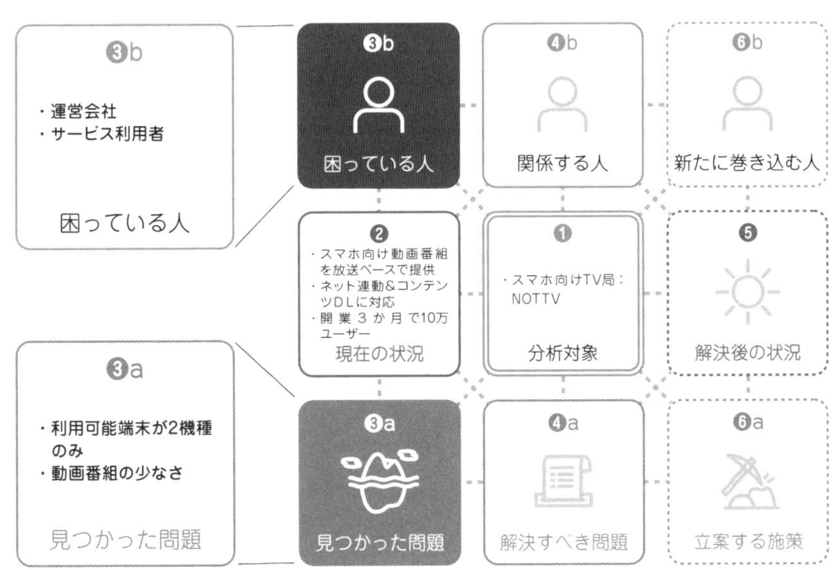

手順④：解決すべき問題／関係する人

「❸a：見つかった問題」を掘り下げます。

現状では利用可能端末が2機種しかありません。利用可能機種を増やさないと潜在的にNOTTVを利用できるユーザーが増えないのですから、機種の拡充に取り組む必要があります。スマホメーカーに働きかけて、ユーザーへの選択肢をどんどん増やしていきましょう。

例外として、対応機種がよほど魅力的であれば、その機種目当てで利用し始めるユーザーが増えるでしょう。候補となり得るのはiPhoneですが、2012年時点でNTTドコモでは扱っていないので検討対象外です。

図4-40 後発TV局の失敗：解決すべき課題／関係する人

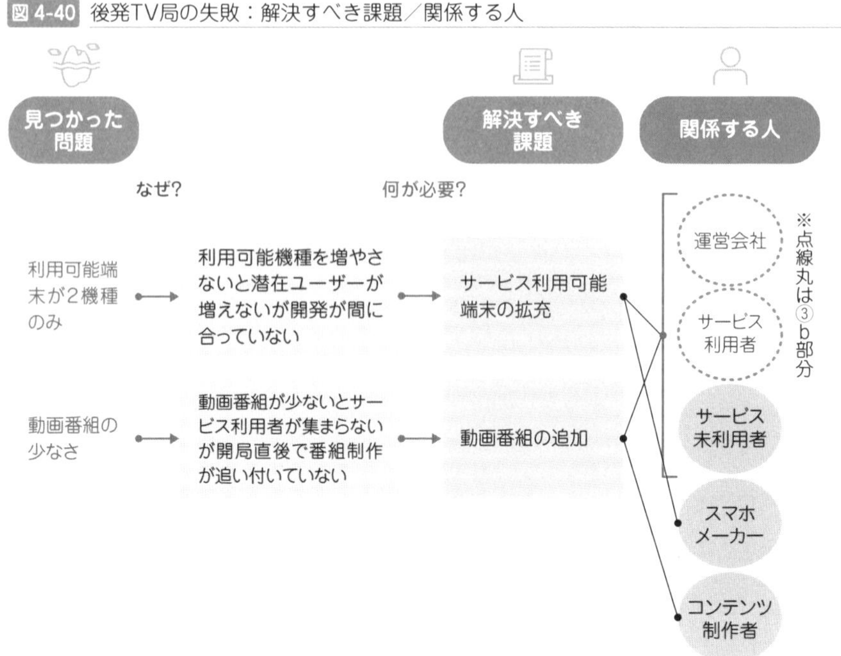

動画番組も、よほどのキラーコンテンツでもない限り、コンテンツ量が多いほどサービスの魅力が増すと考えてよいでしょう。開局直後は番組制作が間に合わない事情もあったでしょう。しかし、動画番組が少ないとサービス利用者が集まらないでしょうから、動画番組の追加は解決すべき課題といえます。

コンテンツ制作者をさらに巻き込み、オリジナルでつくるものだけではなく、外部でつくられた既存コンテンツを利用できるようにしたり、共同でコンテンツをつくったり、できることはどんどんやって、サービス未利用者を取り込んでいくべきです。さもなければ、YouTubeやニコニコ動画といったユーザー生成型コンテンツサービスに後れを取ってしまうでしょう。

以上が「❹a：解決すべき課題」と「❹b：関係する人」です（図4-40）。

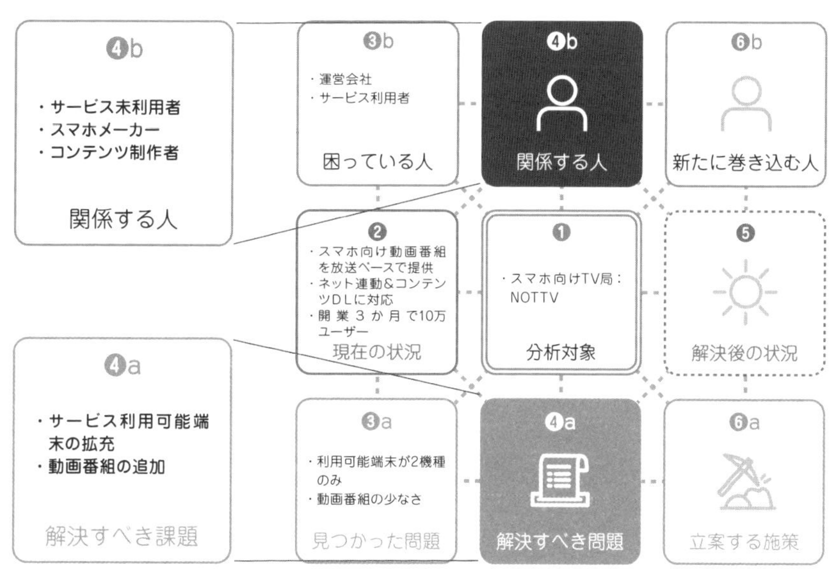

手順⑤：解決後の状況

「❷：現在の状況」に対して、目指したいゴールを考えてみましょう。

スマホ向け動画番組を放送ベースで提供するメリットは、大量のコンテンツを効率的に視聴者に届けることができる点です。ネット経由での動画視聴は、見れば見るほどNW帯域を消費して通信制限状態になってしまいます。放送ベースであれば、いくら動画番組を視聴しても通信制限はかかりません。低価格で多チャンネルをスマホ上で視聴できる環境は十分に実現できると思えます。

ネット連動＆コンテンツDLに対応した番組は、将来、地上波TVで放

図 4-41 後発TV局の失敗：解決後の状況

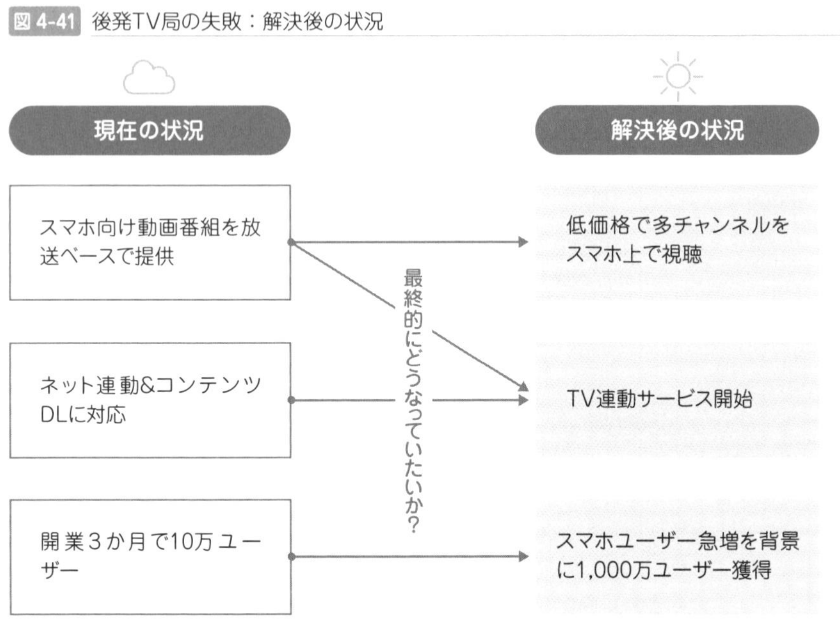

送している番組と連動させ、SNSの反応を番組の進行に反映させる仕組みに進化させると面白そうです。放送というものは一方通行の伝達手段ですが、ネットと組み合わせることで双方向性が生まれます。地上波TVの裏側で番組内容をフォローするような組み合わせもあるでしょう。

ネットTV局が視聴者や地上波TV局と連動するスタイルは、いずれ一般的な仕組みとして世の中に広まっていくに違いありません。

スマホが主流となり、NOTTV対応が標準機能になってくれば、1,000万ユーザーを獲得するという目標もきっと達成できているでしょう。それだけのポテンシャルがNTTドコモが提供するネットTV局にはあるはずです。

以上が「❺：解決後の状況」です（図4-41）。

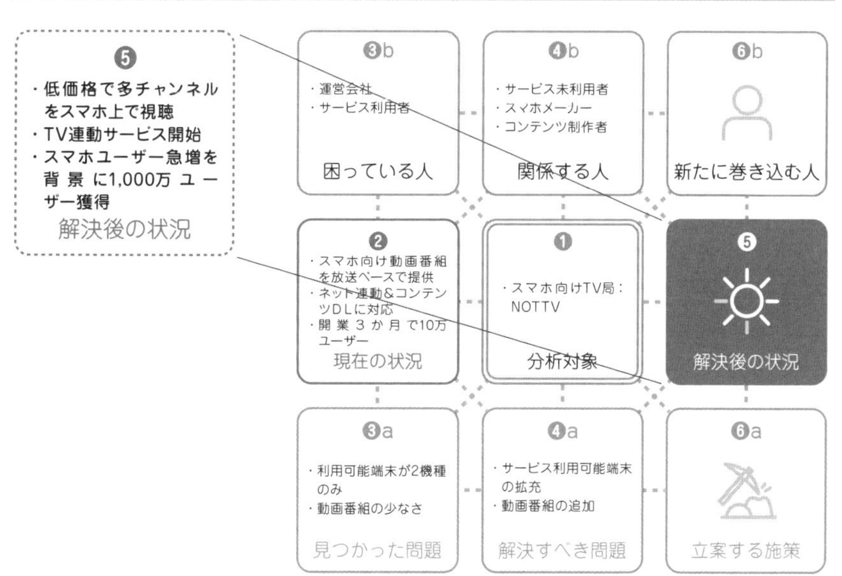

手順⑥：立案する施策／新たに巻き込む人

最後に「❺：解決後の状況」を踏まえて、それを実現するために立案する施策と新たに巻き込む人を考えます。

低価格で多チャンネルをスマホ上で視聴するために、手っ取り早く既存の有料放送サービスとの提携を拡大するのはどうでしょうか。

BS／CSやスカパーなど、すでに人気のコンテンツを抱える放送局があります。地上波番組のサブチャンネルとして舞台裏をリアルタイム放送したり、SNS上の反響と連動させて番組内の進行に変化を加える視聴者参加型コンテンツも面白そうです。

図 4-42 後発TV局の失敗：立案する施策／新たに巻き込む人

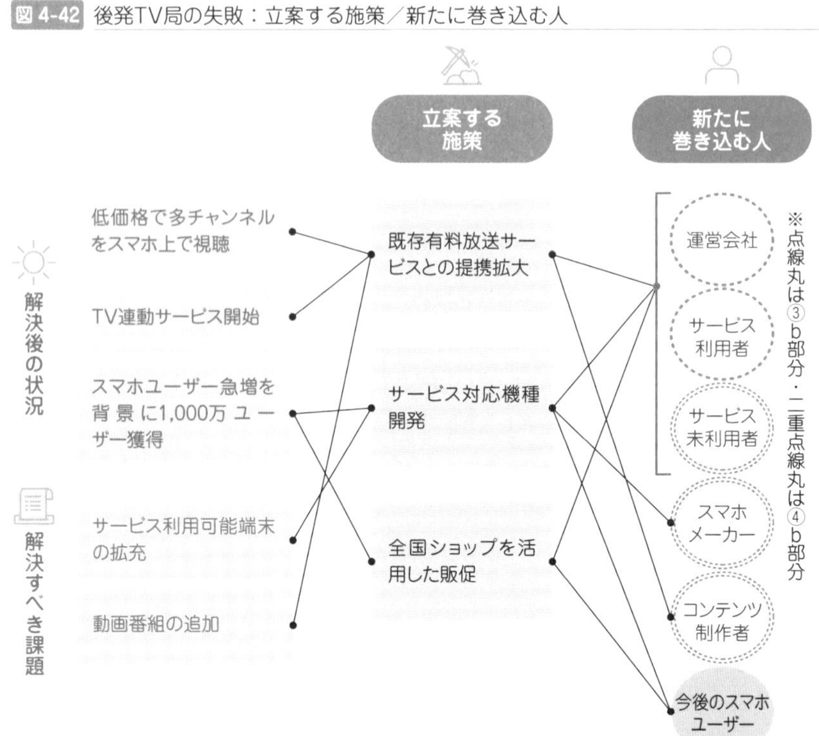

さらに、スマホメーカーを巻き込んで、NOTTV対応機種の開発を拡大しましょう。現状では多くの機種が外付けチューナーを必要としますが、付属品なしでNOTTVを視聴できる機種が増えれば、サービス利用者も増えていきます。

全国のドコモショップ店頭で機種変更するケースは非常に多いため、店頭でNOTTV対応機種を勧めてみましょう。特に今後のスマホユーザーである中高年世代が狙い目です。ガラケーからスマホへの機種変更時、機種へのこだわりが薄いこの層は店頭で推奨した機種を購入してくれる可能性を期待できます。

以上が「❻a：立案する施策」と「❻b：新たに巻き込む人」です（図4-42）。

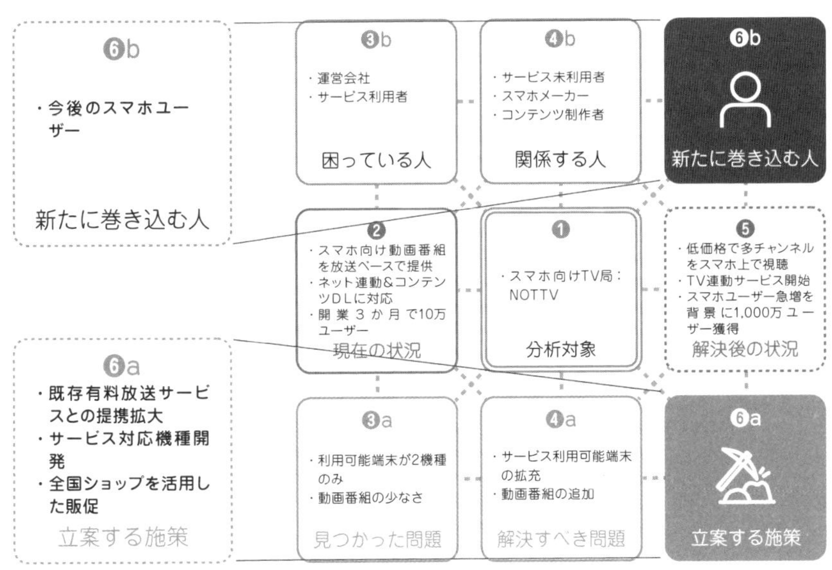

作成した問題分析マンダラート

これまでのケーススタディと同じく、問題分析マンダラートと優先度マトリクスのたたき台をまとめました（図4-43）（図4-44）。

このケーススタディは、業界初の鳴り物入りで全国展開したスマホ向けTV局「NOTTV」（ノッティーヴィー）を題材にしています。

図4-43 後発TV局の失敗：問題分析マンダラート

NTTドコモが全力で広告宣伝しましたが、技術革新によるインターネット通信品質向上と競合サービスの躍進、キラーコンテンツの少なさ、NOTTV非対応のiPhoneの取り扱い開始とその拡大が原因となり、わずか４年でサービス終了、累積赤字は約1,000億円になりました。

電波放送と専用スマホありきの垂直統合モデルでしかサービスを提供できなかった時点で、根本的な挽回策はなかったのかもしれません。

図 4-44 後発TV局の失敗：優先度マトリクスのたたき台

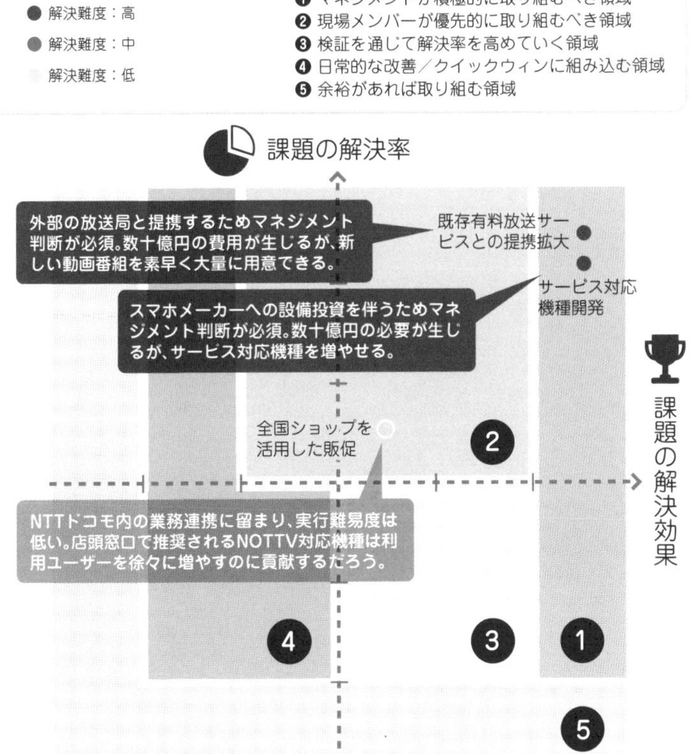

ケーススタディ：問題分析マンダラート（成功ケース）

日本国内には全国ネットを扱うTV局があり、東京に本社があることから在京キー局と呼ばれています。在京キー局は5局あり、日本テレビ／テレビ朝日／TBSテレビ／テレビ東京／フジテレビが該当します。

※以降、日テレ／テレ朝／TBS／テレ東／フジと表記

この5局の中で最も後発であるテレ東は、他より規模も視聴率も劣っています。2021年度のデータでさえ、社員数／売上／制作費／売上対制作費率を比べると、その規模の小ささとこれ以上のコスト投入が難しいことが感じ取れます。他局と比べて人員と制作費は1/2、売上と平均視聴率は1/2～1/3程度、系列局も14都道府県しかありません。

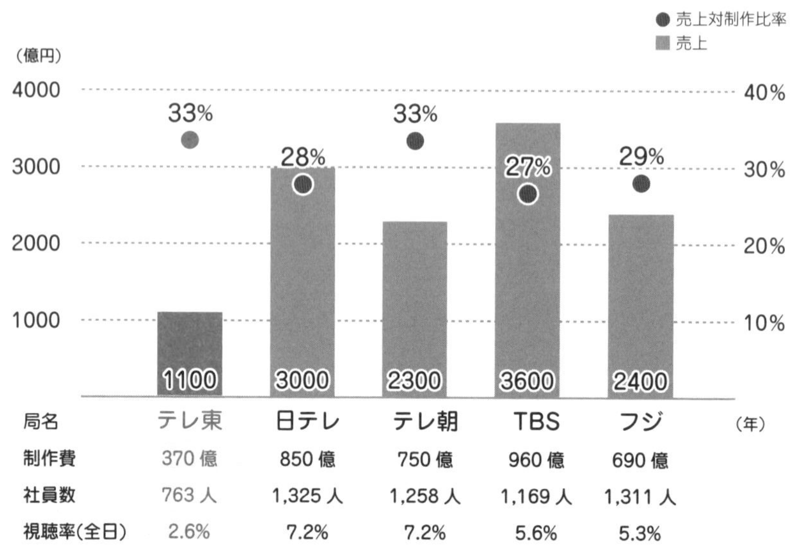

局名	テレ東	日テレ	テレ朝	TBS	フジ
制作費	370億	850億	750億	960億	690億
社員数	763人	1,325人	1,258人	1,169人	1,311人
視聴率(全日)	2.6%	7.2%	7.2%	5.6%	5.3%

データ参考：2021年度の各社発表資料から作成

このケーススタディでは、他局との差がもっと開いていた2000年時点に立ち戻って、テレ東の置かれている状況を改善する戦略を考えてみたいと思います。

当時からテレ東は他局とは異なる番組編成をしていることですでに有名でした。少ない社員数で他と同じ時間数をカバーする番組をつくり、しかも視聴率を確保するには、同じことをやっても効果はありません。他局が手を出さないニッチ番組に注力しなければ、そもそも生き残れなかったからです。

人材についても、制作予算も放送収入も少ない状況では、他局のような分業体制で専門家を育成する余裕はありません。ディレクター（現場責任者）よりプロデューサー（全体企画者）を育成し、役割兼任が多い体制でカバーしています。

他局は放送収入以外、たとえば不動産収入なども入ってきますが、テレ東は本社ビル以外の資産をあまり持っていません。アニメ作品について製作委員会方式でロイヤリティ収入を得るビジネスモデルを考案しましたが、目立った収入はまだ『新世紀エヴァンゲリオン』などぐらいです。

テレ東の経営層として、東京の後発TV局としてのジリ貧状況から抜け出しビジネスを成功に導くために、どんなゴールを目指して取り組むべきでしょうか？

手順①：分析対象

問題分析マンダラートの分析対象を最初に決めます。

ケーススタディの説明によると、関東地方で後発開局したTV局「テレビ東京」（以下、テレ東）について、ジリ貧状況から抜け出してビジネスを成功に導くためのゴールと取り組みを考えたい、ということでした。

“分析対象”をテレ東とし、どんな状況にあるか／どんな問題が見つかっているかについては、別の箇所に記録しましょう（図4-45）。

図4-45 後発TV局の成功：分析対象

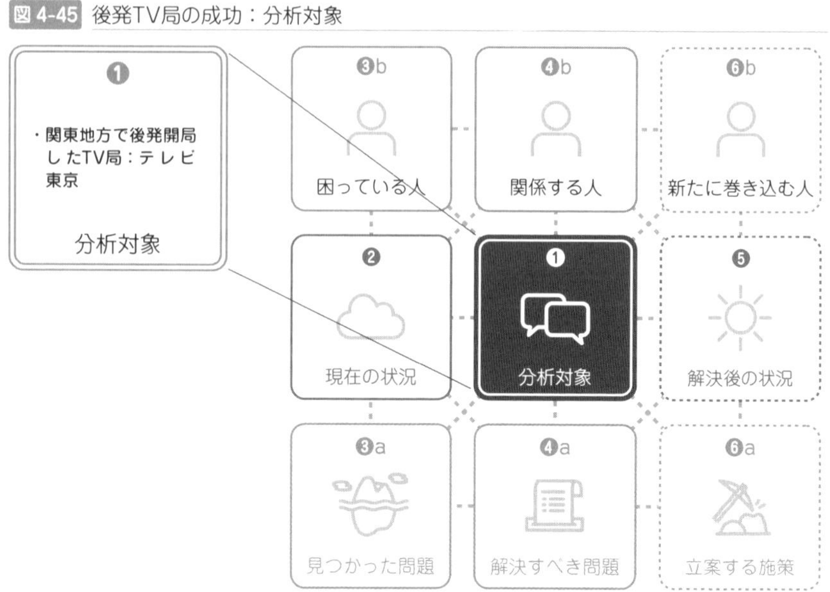

手順②：現在の状況

ケーススタディの説明では、テレ東は、2021年度の実績でさえ、他局比で人員と制作費は1/2、売上と平均視聴率は1/2～1/3程度に留まります。2000年時点でのケーススタディと考えると、当時はさらに数値は悪いものでしょう。

全国放送の起点となる局とはいえ、系列局数が14都道府県しかありません。他局はほぼ全国をカバーしています。１日24時間分の番組枠を埋めるのには他局よりも安い制作費にせざるを得ず、ニッチ番組に注力するしかありませんでした。

以上が「❷：現在の状況」です（図4-46）。

図4-46　後発TV局の成功：現在の状況

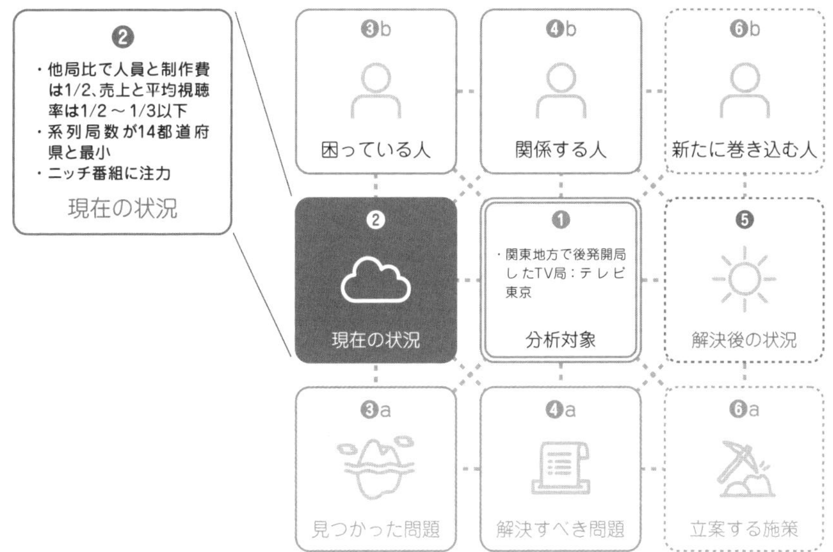

手順③：見つかった問題／困っている人

問題分析マンダラートの「❷：現在の状況」はすでに困っている状況も書かれていますが、困っている人の立場から見て、どんなことが困っていること（問題）なのかを整理してみましょう。

後発TV局の立場としては、制作予算が少ないというだけでも大きな問題です。同じ旅番組でも、予算が1,000万円ならイタリアの温泉で取材ができますが、100万円なら関東近郊の温泉まででしょう。

全国ネットの規模が小さいために、国内14都道府県までの展開が限度でした。そのため、放送収入も限られたものであり、天王洲の本社ビル以

図 4-47 後発TV局の成功：見つかった問題／困っている人

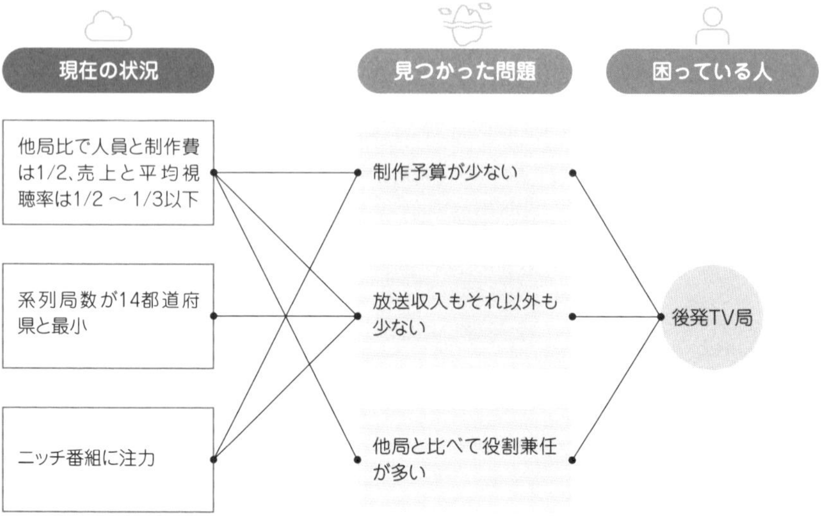

外に不動産資産を特には保有しておらず、放送以外の収入も期待できません。一方、フジはグループ会社が都市開発事業を手掛けており、賃貸オフィスや老人ホームまで手掛けています。日テレ、TBS、テレ朝も不動産収入はかなりの額があります。

社員の人数が少ないため、他局と比べて役割兼任が多いことも気になります。通常、番組制作には企画をする人とロケ現場をコントロールする人は分かれるものですが、テレ東の場合、それをやってしまうと24時間分の番組をつくるスタッフが不足してしまいます。役割兼任を認めざるを得ない経営状況なのです。

以上が「❸a：見つかった問題」と「❸b：困っている人」です（図4-47）。

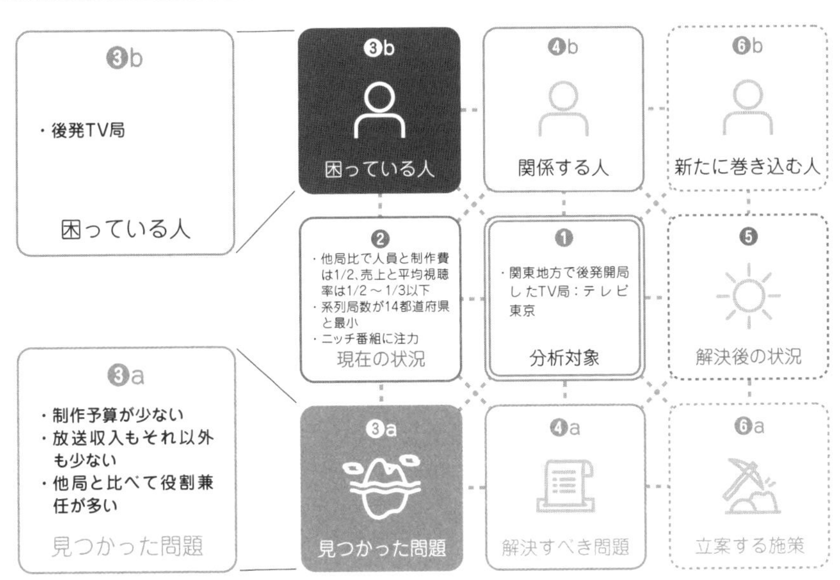

手順④：解決すべき問題／関係する人

「❸a：見つかった問題」を掘り下げます。

制作予算が少ないのは、他局よりも社員数も売上も少なく、規模が小さいからです。売上に対する制作費（売上対制作費）を見れば、テレ東はテレ朝と同程度、日テレ／TBS／フジはそれよりさらに制作費の割合は少ないことが分かります。これ以上、制作費を増やすことは難しく、制作予算に頼らない番組企画をテレ東社員は考えなければなりません。

放送収入とそれ以外の収入のどちらも少ないのは、テレ東がバックボーンとなる資金力豊富な企業を持たないからです。強い提携関係にある日本

図 4-48 後発TV局の成功：解決すべき課題／関係する人

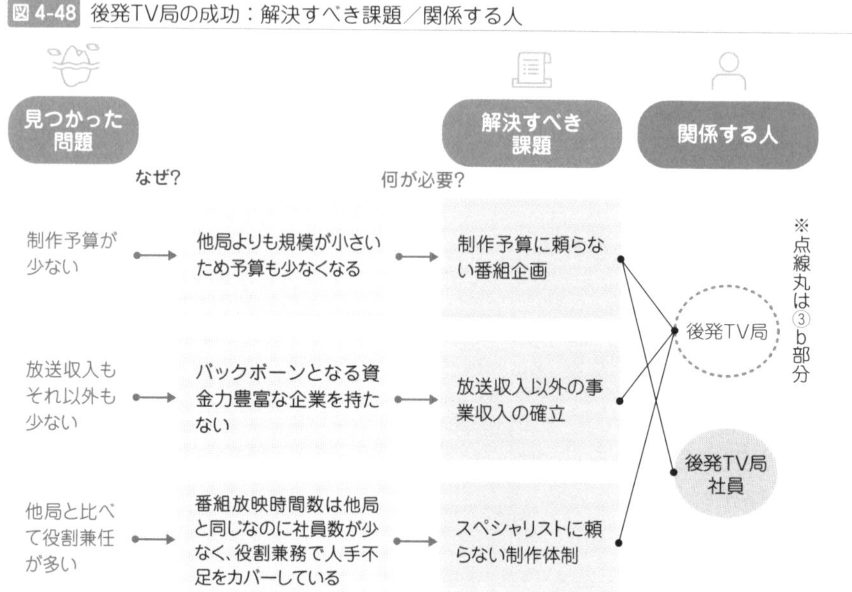

経済新聞社の影響を受ける程度のものです。新しい収益事業をつくり上げ、放送収入以外の事業収入を確立しないと、制作費削減＆競争力低下を招くことになるでしょう。

番組放映時間数は他局と同じなのに社員数が少なく、役割兼務で人手不足をカバーしているのがテレ東の実状です。他局がプロデューサーと複数ディレクターで担当する業務範囲を、テレ東ではプロデューサー１人でカバーすることもあります。スペシャリストに頼らない制作体制で臨まざるを得ないのです。

以上が「❹a：解決すべき課題」と「❹b：関係する人」です（図4-48）。

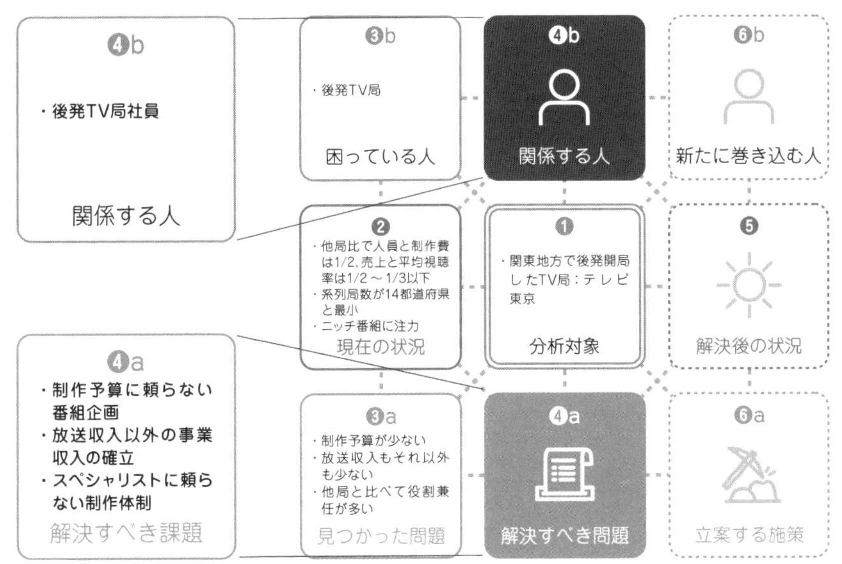

手順⑤：解決後の状況

「❷：現在の状況」に対して、目指したいゴールを考えてみましょう。

人員／制作費／売上／平均視聴率がすべて他局を大きく下回るのが現状です。ここから「他局と同等以上の規模になる」ことを目標にするのはどうでしょう。この場合、すでにその方面で自分達より優れているのですから、簡単には追いつけないと考えた方がいいでしょう。

それよりも、今のテレ東の強みをさらに磨いて他局と違う成長の道を目指すべきです。発想力に磨きをかけて他局よりコストパフォーマンスに優れる番組制作を続ければ、オンリーワンの存在として必要とされるのではないでしょうか。

図 4-49 後発TV局の成功：解決後の状況

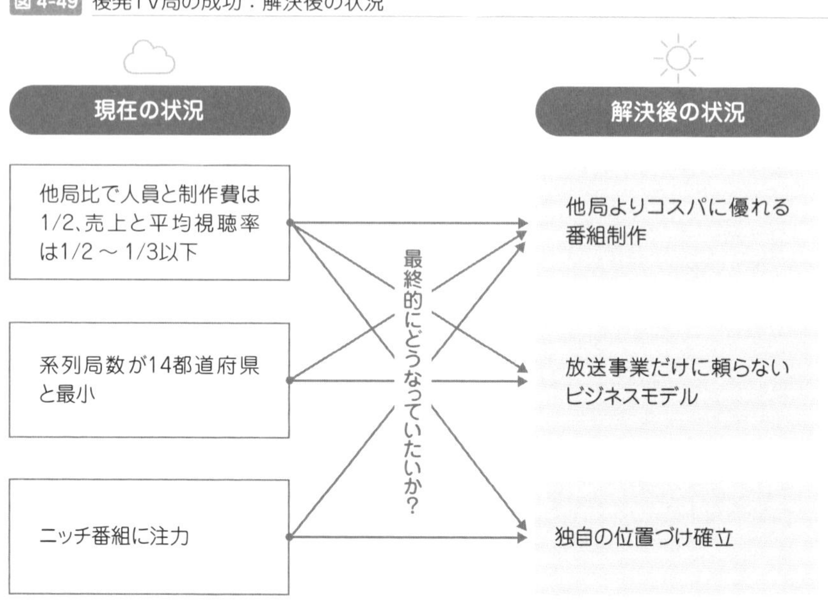

ですから系列局数も敢えて増やすことは考えず、むしろ系列外のTV局から必要とされてビジネスパートナーの関係を築き上げる方向もあります。そのためにも、放送事業だけに頼らないビジネスモデルが確立されて、それがテレ東の売りになっている状況を目指すことにしましょう。

テレ東の強みとして、ニッチであることはすでに周囲から認められています。他局が緊急報道をしていてもレギュラー番組を放送したり、アニメ枠と経済枠を多めにとって特定領域での覇権を狙ったり。弱い立場であることで取れる戦略が、テレ東独自の位置づけ確立に役立ちます。

以上が「❺：解決後の状況」です（図4-49）。

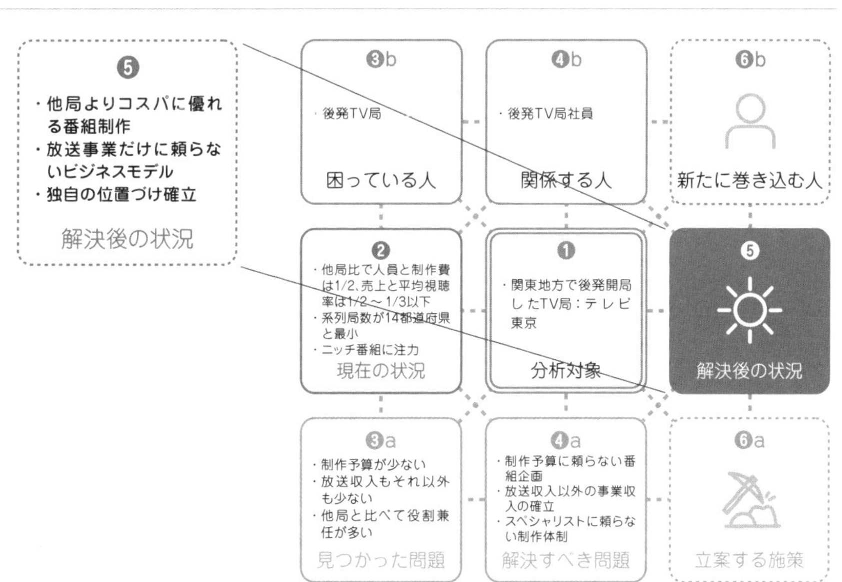

手順⑥：立案する施策／新たに巻き込む人

最後に「❺：解決後の状況」を踏まえて、それを実現するために立案する施策と新たに巻き込む人を考えます。

他局よりもコスパに優れる番組制作は、テレ東の規模を意識したちょうどよい手ごろなビジネスを可能にします。他局では何をするにも数千万円以上の費用が発生しますが、もっと小さな費用からスポンサーとして関わってもらえるようになれば、ビジネスの裾野が大きく広がります。

もちろん、規模が小さくても番組の魅力は優れていなければいけません。制作予算に頼らずアイデアで勝つ人材が必要です。これまで役割兼任はコスト削減のための手段でしたが、これからは総合力で優れた人材を育

図 4-50 後発TV局の成功：立案する施策／新たに巻き込む人

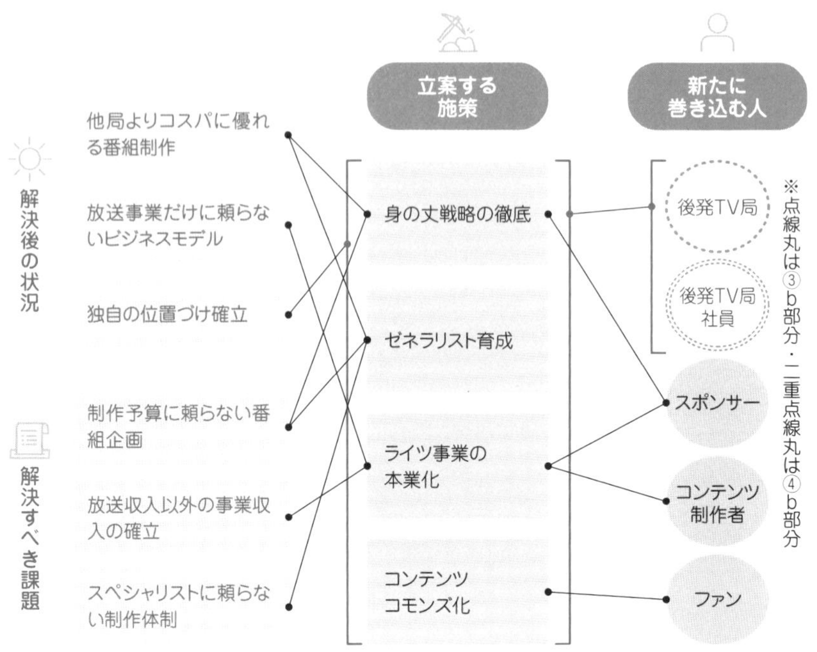

てる仕組みとして戦略的にゼネラリストを育成していきましょう。

テレ東ではコンテンツに出資してロイヤリティを得る製作委員会方式をアニメで実践しています。その規模を大きく拡大し、ライツ事業としてコンテンツの出資と外販を行いましょう。コンテンツを握るプラットフォーム企業が有利になる時代がきっと来ます。

そうした時代では、コンテンツを共有物（コモンズ）としてファンと共有しつつ、ファン側が二次創作を繰り返して新しいコンテンツとマーケットをつくり出すでしょう。すでにアニメ分野ではコミックマーケットのような巨大なマーケットが生まれています。

以上が「❻a：立案する施策」と「❻b：新たに巻き込む人」です（図4-50）。

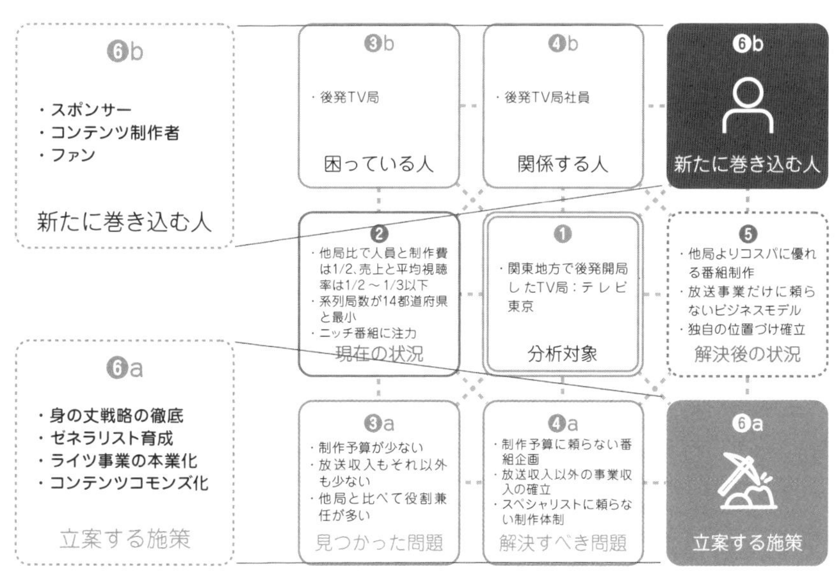

作成した問題分析マンダラート

これまでのケーススタディと同じく、問題分析マンダラートと優先度マトリクスのたたき台をまとめました（図4-51）（図4-52）。

このケーススタディは、全国ネットを扱うキー局で後発開局したTV局「テレビ東京」を題材にしています。

図4-51 後発TV局の成功：問題分析マンダラート

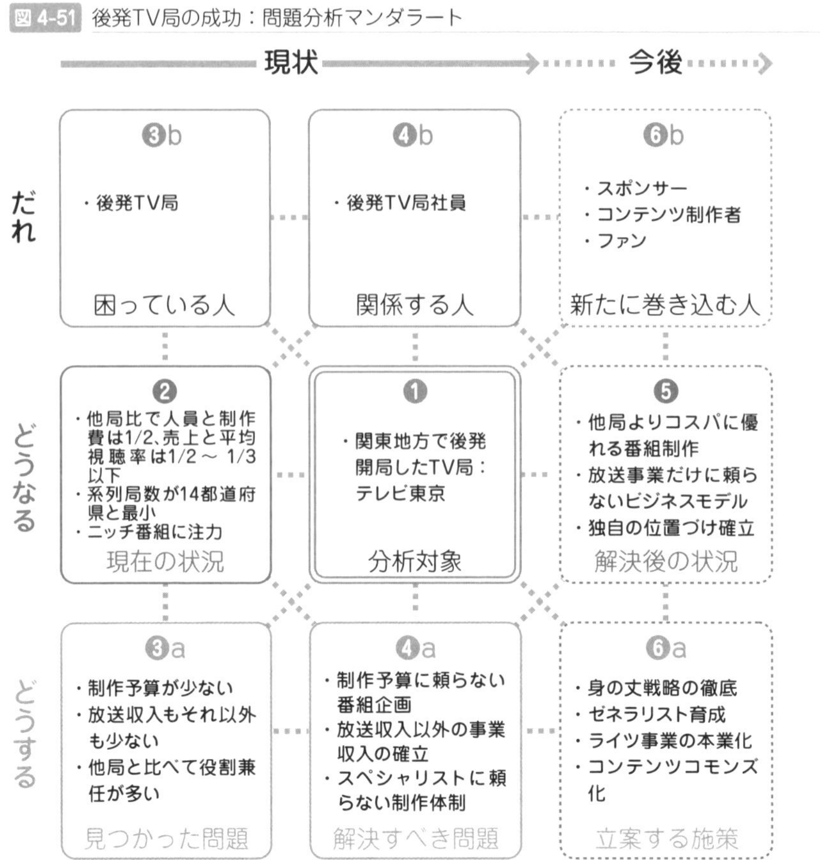

テレ東はあらゆる規模で他のキー局に負けていますが、独自路線を強めてオンリーワンの立場を築き上げています。施策に挙げたものは2021年度の時点でテレ東が取り組んでいるものでした。特にライツ事業の成長は目覚ましく、今では会社全体の利益の半分がこの事業から生み出されています。

テレ東の独自路線は持たざる弱者が選ばざるを得なかったものですが、そこに磨きをかけて特化することで、強者に優る結果が得られるのだと教えてくれています。

図 4-52　後発TV局の成功：優先度マトリクスのたたき台

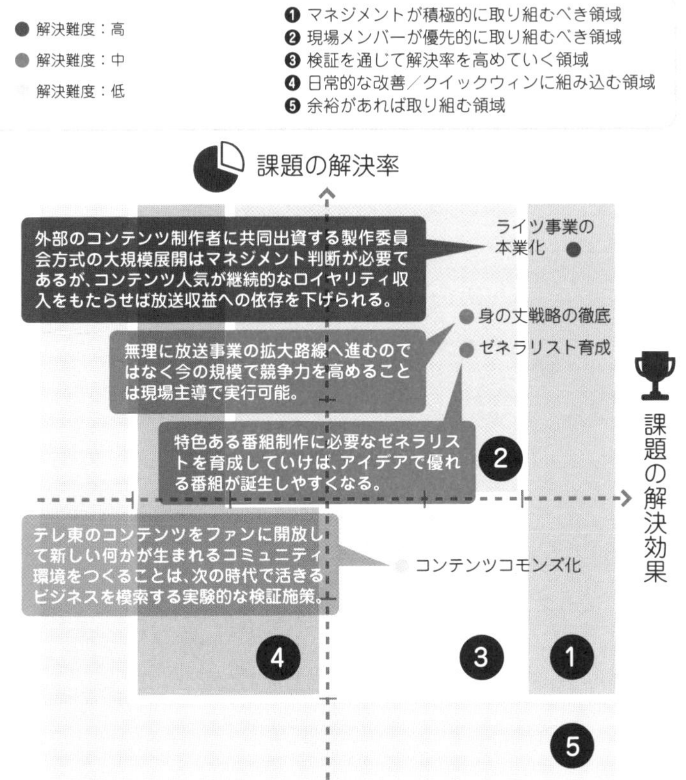

総括：後発TV局の失敗／成功

巨大な全国ネットTV局に対して、NOTTVとテレ東はどちらも後発TV局として勝負に挑みました。（図4-53）（図4-54）。

視聴者数に伸び悩んだNOTTVは4年でサービス終了を迎えましたが、独自路線でファンを増やし収益を伸ばしたテレ東はユニークな立ち位置を確立しています。その結果、2023年の大卒就職希望先人気ランキングで、他局を押しのけて業界1位に選ばれるほどにまで成長しています。

図4-53（再掲）後発TV局の失敗：問題分析マンダラート

❸b 困っている人	❹b 関係する人	❻b 新たに巻き込む人
・運営会社 ・サービス利用者	・サービス未利用者 ・スマホメーカー ・コンテンツ制作者	・今後のスマホユーザー
❷ 現在の状況	**❶ 分析対象**	**❺ 解決後の状況**
・スマホ向け動画番組を放送ベースで提供 ・ネット連動＆コンテンツDLに対応 ・開業3か月で10万ユーザー	・スマホ向けTV局：NOTTV	・低価格で多チャンネルをスマホ上で視聴 ・TV連動サービス開始 ・スマホユーザー急増を背景に1,000万ユーザー獲得
❸a 見つかった問題	**❹a 解決すべき問題**	**❻a 立案する施策**
・利用可能端末が2機種のみ ・動画番組の少なさ	・サービス利用可能端末の拡充 ・動画番組の追加	・既存有料放送サービスとの提携拡大 ・サービス対応機種開発 ・全国ショップを活用した販促

NOTTVの問題分析マンダラートを見ていると、垂直統合モデルを武器にしたマーケティングに重点を置いていました。一方、テレ東は他局が取り組んでいないニッチ分野で勝つためのコンテンツづくりと、それを思いついて実践できる人材の育成に焦点を当てています。「番組を制作する側の考え方」がベースだったNOTTVと、「番組を楽しむ視聴者側の考え方」を強く意識したテレ東という対比もできます。

これら２つのケーススタディから得られる示唆は、**サービスを提供する側の視点でやりたいことを考えるのではなく、サービスを利用する側の視点で求められていることを考える必要性**です。相手の立場で物事を考えることを忘れないようにしましょう。

図 4-54　(再掲) 後発TV局の成功：問題分析マンダラート

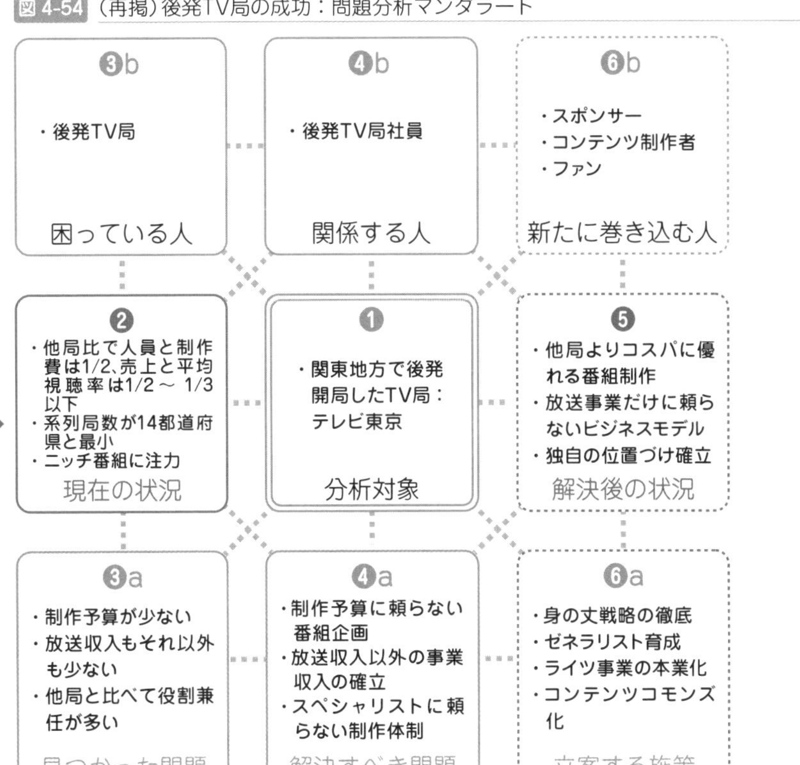

column

仕事で目指すべきクオリティ

「この資料、10日後までに完成させてもらえる？」

上司からそう頼まれたとき、あなたは「どれくらい後」に「どんな品質」の資料を上司に渡しますか？

あなたの性格次第で答えは変わってくるでしょうが、あなたの仕事に対する上司の期待は以下のようになっています。

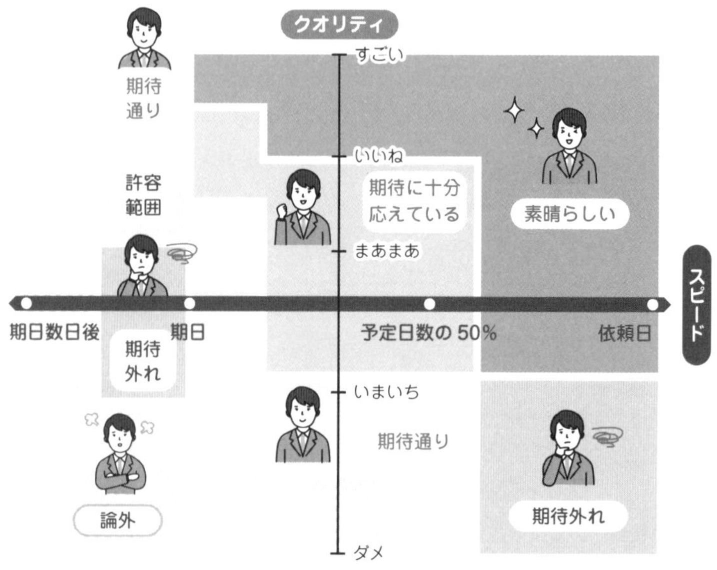

仕事のスピードとクオリティについて、最初に相手の期待値を確認し、それに対する自分の余裕度合を照らし合わせ、いつ何をどんな状態でレビューしてもらうのか、最終版を提出するのか決めましょう。

第3部

ロジカルシンキングで「仕事の最適化」をする

ワークハック：仕事の最適化

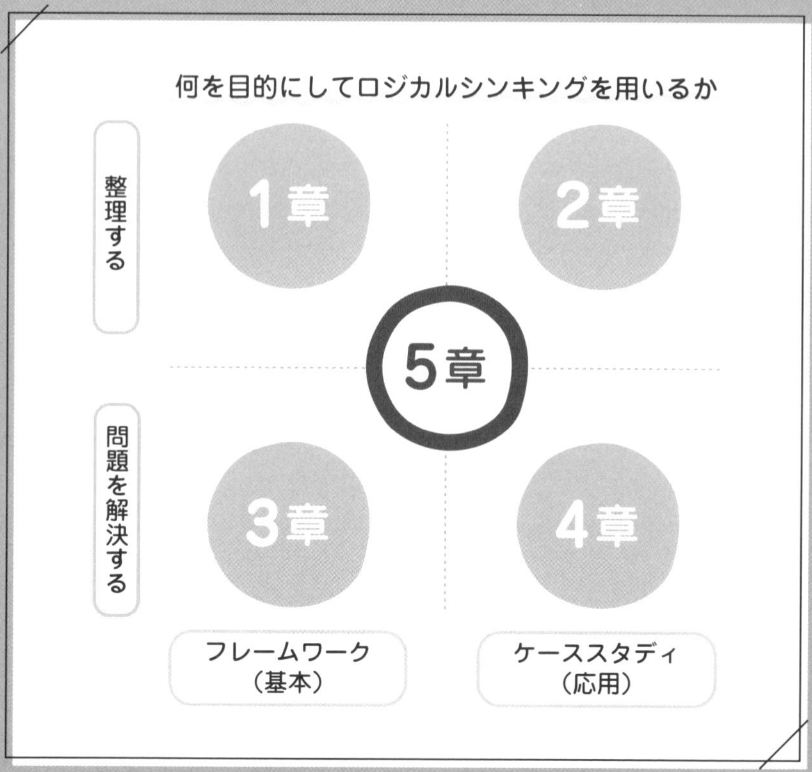

何を目的にしてロジカルシンキングを用いるか

	フレームワーク（基本）	ケーススタディ（応用）
整理する	1章	2章
問題を解決する	3章	4章

5章

5-01 「説得」をする

5-02 「資料作成」をする

5-03 「反復実行」をする

5章では、ロジカルシンキングを使って仕事の品質・効率を向上させるツールを解説します。普段の仕事で今すぐに使える内容なので、毎日の中でちょっとずつ実践し、普段からロジカルに仕事に取り組めるクセを身につけましょう。

第3部

5-01 「説得」をする

最後まで相手がいる場合：FABE

ロジカルシンキングを実践する機会が最も多いのは、相手とのコミュニケーションの場面です。

ほぼすべての仕事が誰かとのコミュニケーションの上で成り立っています。相手からスムーズな協力が得られるほど仕事がやりやすくなりますが、すべての人が自分の思い通りに動いてくれるわけではありません。

ロジカルに説明できたら解決するのではないか？

その答えは「No」です。ロジカル“だけ”では十分ではありません。ロジカルに加えて、相手が好むコミュニケーションができたとき、相手からのスムーズな協力を得ることができます。

相手が好むコミュニケーションの中でも、「説得」するための伝え方（セールストーク）は２つに区分できます。それが**FABE**（フェイブ）と**BEAF**（ビーフ）です。

FABEとは、ストーリーを通じて相手からの合意を得るやり方です。最初に状況の背景を踏まえた特徴、次に競合と比べた際の利点、相手にとっての利益、最後にそれを裏付ける証拠を続けて示します。

このセールストークは、**最後まで説明をさせてもらえることが確実な状況で使う**のに適しています（図5-1）。

図 5-1　FABE（フェイブ）

FABE法

最後まで説明をさせてもらえることが確実なときに使う
➡セミナー、会議（質問は後受け）向き

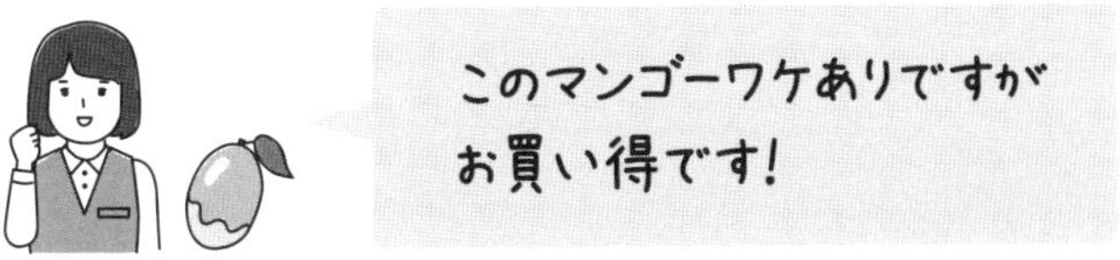

このマンゴーワケありですが
お買い得です！

Feature（特徴）	農園を引き継いだけど顧客は引き継いでもらえず売り先がありません
	宮古島の自然たっぷりで育った5,000個の甘いマンゴーです
	赤字覚悟で販売します 通常はこの価格では買えません
	ほら、とてもおいしそう！ （青い空・海・砂浜と真っ赤なマンゴーの写真）

途中退席の可能性がある場合：BEAF

BEAFとは、相手が得られるメリットを最初に示すことで興味を持たせ続けるやり方です。最初に相手にとっての利益、次にそれを裏付ける具体的な証拠、競合と比べての利点、最後にそれらの背景にあたる特徴を示します。

このセールストークは、**説明の途中で相手が立ち去る、または話を打ち切られてしまう可能性がある場面で使う**のに適しています（図5-2）。

FABEとBEAFについて、「ワケありマンゴーを売る」というシチュエーションでどのように売り方が変わるのか、それぞれの図解説明で示しています。F／A／B／Eの各要素は同じでも、伝える順番を変えるだけで受け取る印象が大きく変わることが分かります。

通常の会議やセミナーなど、一通りの説明をさせてもらえる場ではFABEで伝えることで、相手は順を追って理解を深めてくれるでしょう。基本的にはFABEで伝えましょう。

しかし、相手のさじ加減で説明が止められてしまう場もあります。限られた時間しか与えられていない状況がまさにそれです。会社の中だと、経営陣など上位の意思決定者へ説明するシーンが該当します。他にも、店頭で商品の売り込みをするシーン、出入り自由のセミナーのように相手の都合次第でその場から立ち去られてしまうシーンではBEAFが有効です。

図5-2 BEAF（ビーフ）

BEAF法

質問に答えながら商品／サービスを売り込むときに使う
➡店頭プレゼン、会議（質問は随時）

このマンゴーワケありですが
お買い得です！

Benefit（利益）	赤字覚悟で販売します 通常はこの価格では買えません
Evidence（証拠）	ほら、とてもおいしそう！ （青い空・海・砂浜と真っ赤なマンゴーの写真）
Advantage（利点）	宮古島の自然たっぷりで育った5,000個の甘いマンゴーです
Feature（特徴）	農園を引き継いだけど顧客は引き継いでもらえず売り先がありません

第3部

5-02 「資料作成」をする

資料構成の基本：SDS

ロジカルシンキングの必要性を感じるのは、会話を通じたコミュニケーションだけではありません。資料を相手に読んでもらって理解を得る機会も数多くあり、資料の内容を的確に伝える技術としてもロジカルシンキングは重要です。

資料構成には３つのパターンがあります。報連相向きの**PREP**（プレップ）、説得向きの**DESC**（デスク）、それ以外で万能に使える**SDS**（エスディーエス）です。

SDSは、話の主旨を最初に示し、続けてその詳細を説明して、最後に話をまとめるという３パート構成です。人間は情報の最初と最後を覚えやすい傾向にあるため、詳細事項を挟み込んで概要＆主旨を示すのは合理的な構成です。

例として、「ロジカルシンキングを鍛えたい人にこの本をお薦めする」というテーマで、説明ロジックをSDS法で示してみました。最初に、ロジカル本を読んでも身につかない場合と対比させて、この本の有効性を示しています。次に、ケーススタディの種類とその実践を通じて得られることを述べました。最後に、最初のメッセージを繰り返して、この本を推奨するという結論で終えています（図5-3）。

図 5-3　SDS（エスディーエス）

SDS法

主旨を最初に伝え、その後じっくり説明し、最後におさらい
➡基本的にこれを使う

この本は、ロジカルシンキングを鍛えて実践で活用することを目的にしています

Summary（主旨）	この本を読んでロジカルシンキングを実務的に使うイメージを持たせることで、「本を読んで終わり」ではなく、「本を読んだ後に実践」できるようになります。
Detail（詳細）	たとえば、問題の規模を推測するフェルミ推定、問題解決の全体像を掴む問題分析マンダラートなどは、この本のケーススタディを通じて、仕事で使ったときのやり方をイメージできます。
Summary（まとめ）	ロジカルシンキングを仕事で実践するために、この本を読んで実践イメージを持つことを推奨します。

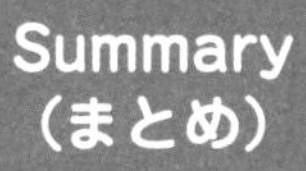

報連相と提案向け：PREP

PREPは、結論を最初に示し、続けてその理由を説明、さらに根拠となる裏付け事例を取り上げて、最後に改めて結論を伝えるという４パート構成です。一番伝えたいことを最初と最後で示すのはSDSと一緒ですが、真ん中にあたる部分を分解して、理由とその事例としています。

PREPを利用する理由はまさにこの点です。

たとえば、ある会議で「この本がロジカルシンキングを鍛えるのに役立つか調べておいて」とチームメンバーに頼んでいたとしましょう。翌週の会議で、そのメンバーからの報告を受けるとき、会議の残り時間が３分しかなかったとします。このとき、どのような報告をしてほしいですか？

だらだらと説明を受けるのではなく、シンプルに結論とその理由を述べてほしい、そう考える人が多いでしょう。ということは、結論と理由の２つをまず伝えた方がいいですね。もしそこであなたがもっと聞きたいと思ったら、「理由の根拠はあとでメールしといて」と頼んでおきましょう。理解・判断に必要な情報はそれで揃います。

以上のような状況は、SDSではなくPREPで内容を整理すると、相手が期待する伝え方になります。報連相（報告／連絡／相談)、提案（相手への依頼を含む）をする場面が該当します（図5-4)。

もし複数の理由と事例を伝えたいなら、「理由は３点あります。１つ目は〜、２つ目は〜、３つ目は〜」、「それぞれの根拠を説明します。１点目の根拠は〜……」というように、理由と事例が頭の中で紐づきやすくなるよう番号と組み合わせることをお薦めします。

図 5-4 PREP（プレップ）

PREP 法

結論を最初、理由と裏付ける事例を続け、最後にダメ押し
➡報連相と提案に使う

Point（結論）

このロジカルシンキング本は、読んだ後、「本を読んで終わり」ではなく、「本を読んだ後に実践」できるようになります。

この本のケーススタディを通して、ロジカルシンキングを実際に使うイメージを持つことができるようになるからです。

たとえば、問題の規模を推測するフェルミ推定、問題解決の全体像を掴む問題分析マンダラートなどがケーススタディで扱われています。

ロジカルシンキングを仕事で実践するために、この本を読んで実践イメージを持つことを推奨します。

慎重な提案向け：DESC

DESCは、状況説明を最初に示し、続けてそれに対する意見を説明、さらに取り得る選択肢を並べて、最後に選択した結果の説明と判断の促しをするという４パート構成です。SDSとPREPは一番伝えたいことを最初と最後で示しましたが、DESCは最後で示します。

DESCの伝え方は、相手に大事な判断をしてもらうような、慎重を要する提案・説得で効果的です。

たとえば、ロジカルシンキングの勉強をするために本を買った上司がいるとしましょう。しかし、上司が読んでいる本は教科書的過ぎて、仕事の現場でどういうふうに問題解決していくのかイメージしづらい内容であったとします。まだ読んでいる途中ですが、熟読しているようで付箋やマーカーがたくさん使われています。

そんな上司に対して、「その本じゃなくて別の本がいいですよ」と正面から伝えるのは抵抗があります。こういうときにDESCの伝え方が役立ちます。

最初に「ただ本を読んでいるだけじゃ実践は難しいですよね」と一般的な話を振って、「本を読んで終わりになっている人も多いそうです」「実際に使うイメージを持てる本なら意味がありそう」と続けて、今読んでいる本への違和感と別の選択肢の可能性を意識させます。その後、「こっちの本はケーススタディで～、実践イメージが～」と具体的な内容を示して、最後に「この本を読んでみませんか」と伝えれば、単刀直入に伝えるよりも角が立たず、相手も受け入れやすくなります（図5-5)。

DESCの使いどころはSDS／PREPとはまったく違います。場面に適した説明手法を用いましょう。

図 5-5 DESC（デスク）

DESC 法

状況共有し、意見と選択肢を示して、相手に結果をゆだねる
➡慎重な提案（説得）に使う

ロジカルシンキングはただ本を読んだだけじゃ実践することはできません

Describe（状況説明）

ロジカルシンキングの本を読んでも、「本を読んで終わり」になってしまう人が多いです。

ロジカルシンキングを実際に使うイメージを持つことができれば、「本を読んだ後に実践」できるようになるのではないでしょうか。

この本のケーススタディを通じて、ロジカルシンキングの実践イメージを持てます。フェルミ推定、問題分析マンダラートなどが含まれています。

フェルミ推定で問題規模を推測、問題分析マンダラートで問題解決の全体像を把握できます。仕事で実践するために、この本を読んでみてはどうでしょうか。

第3部

5-03 「反復実行」をする

長期計画の反復：PDCA

年次／月次／週次／日次業務といった繰り返し実行する作業は、あらかじめルールを決めておくことで作業時間を短縮できます。

たとえば、全国数十店舗の日次売上データを分析しているとして、データを個々に分析したら問題点の検出まで３時間、一方、特定条件に該当するデータだけチェックすれば30分で検出完了、ということもあります。

反復実行する作業ほど、ロジカルシンキングでルール化することで劇的な効率改善が可能になります。短縮できた時間を使って考える作業の割合を増やしましょう。

長期の反復サイクルはPDCA（ピーディーシーエー）で整理するのがよいでしょう。計画を立てて実行し、しばらくしてから効果を確認、それを受けて改善に取り組む。４つのフェーズを持つこのサイクルは、最低でも月次以上の長さで取り組むと、余裕を持って作業に取り組めます。

例として、ラーメンチェーン店を全国展開し、継続的に分析＆改善する業務を設計することをPDCAで考えてみました。最初に10店舗の出店計画をつくり、それに沿って先月は東京に出店、その結果、大盛況で日々スープ不足で早めの閉店となり機会損失が生じたので、改善項目に対する計画を立案し、厨房拡大の工事をすることにしました（図5-6）。

図 5-6 PDCA（ピーディーシーエー）

PDCA

大きなサイクルで計画を立て、途中で状況を分析して改善策を考え、その後の活動に反映する

➡中長期計画、年次計画、月次計画

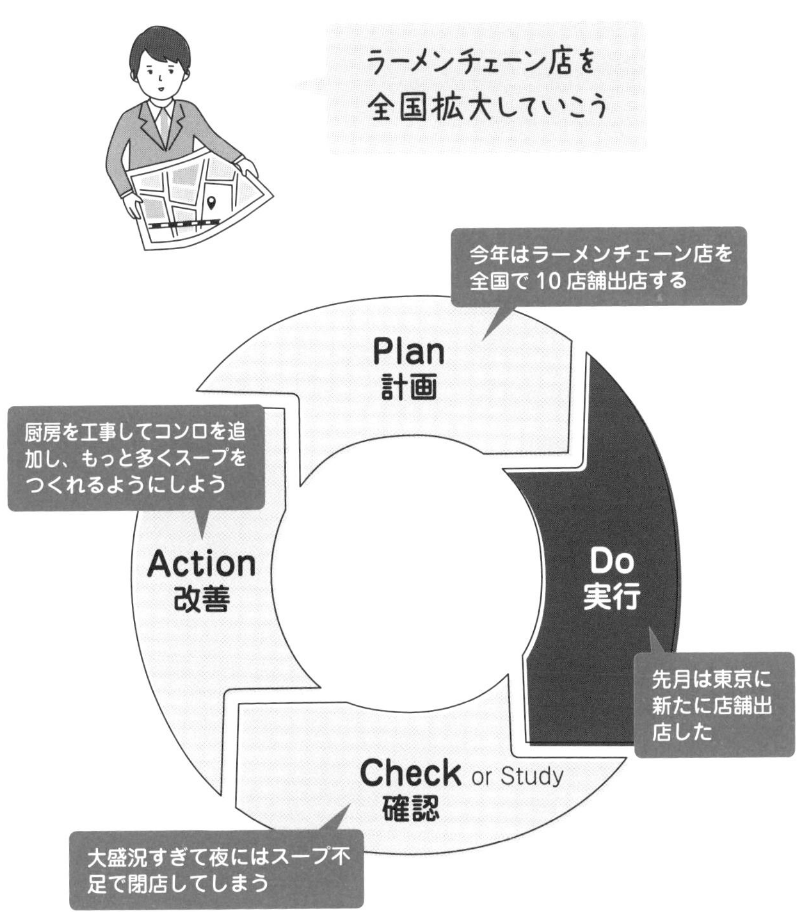

短期サイクルの反復：PDS

PDCAが見る範囲よりも**短いサイクルは、PDS（ピーディーエス）で作業実行と結果の評価をシンプルに取り組む**ことを推奨します。このとき、PDSサイクル全体はPDCAサイクルのDo（実行フェーズ）に含まれます。

たとえば、PDCAで作成した出店計画に沿って、東京地区に新しいラーメン店舗の運営計画を立てました。その計画では出店準備と出店後の店舗業務を週次／日次の単位で整理しています。計画を実行した結果、想定以上の売上を記録したとしましょう。計画から外れる結果となったので、それをインプットに運営計画の修正をします（図5-7）。

この流れがPDSサイクルです。PDSサイクルでは評価フェーズで見つけた改善項目は速やかに解決しなければなりません。PDCAサイクルのように、改善フェーズを設けて取り組む時間的な余裕がないため、次のサイクルの計画に織り込みます。

もう少し、PDCAサイクルとの違いに触れていきましょう。

PDCAサイクルはPlanに対してDoがあり、Doの結果が想定通りか確認するCheckがあります。Checkで見つかった問題点をActionで解決します。この流れを合理的に実現するには、Checkフェーズが1か月は欲しいでしょう。たとえば、月1回行われる作業の改善効果を2週間で判断してくださいと言われたら、作業者の立場としては不合理を感じます。

こうした点からも、月次よりも短いサイクルで取り組む反復作業にはPDSが適しているといえます。

図5-7 PDS（ピーディーエス）

PDS

PDCA よりも短いサイクルで計画を立て、実行＆評価をシンプルに簡易に行う
➡週次作業予定、日次作業予定

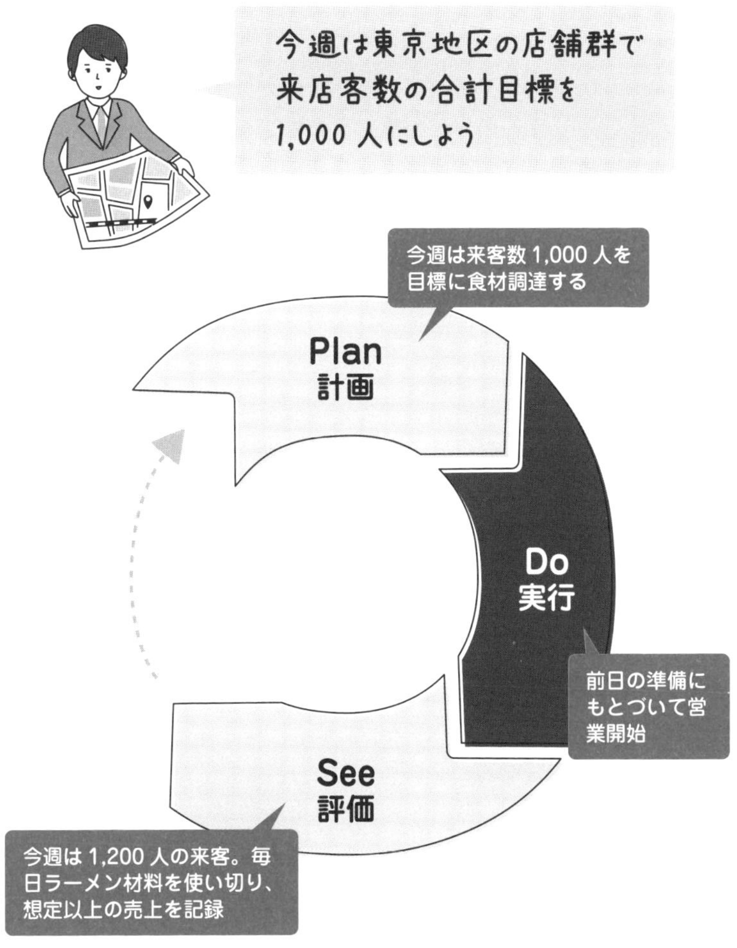

状況判断の反復：OODA

OODAは、目の前で進行している現状を把握し、様々な選択肢から適した方法を選んで実行します。このとき、OODAループ全体はPDSサイクルのDo（実行フェーズ）に含まれます。

アメリカ空軍から広まった方法論であり、観察する（みる）→判断する（わかる）→決断する（きめる）→行動する（うごく）の4フェーズ構成です。生命の危機にさらされる戦場で培われただけあって、とっさの判断やマニュアル行動だけでは通用しない状況で効果を発揮します。

たとえば、あるラーメン店で想定よりもスープの減りが激しかったとしましょう。昼の時点で、本来は半分以上のスープを確保しておかなければいけなかったのに、予定以上使ってしまいました。このままでは夜営業の途中でスープが尽きてしまうことが判明します。

対応策はいくつかありますが、「サイドメニューの消費量を増やす割引イベント」を実施すれば、スープ消費量を抑えながら、他の材料の消費を増やし、閉店時の廃棄材料を最小化できることを思いつきました。早速行動を起こし、無事に廃棄食材を最小化できました（図5-8）。

このように現場の変化に即応して対応するのがOODAです。PDSよりもっと短い時間で取り組むのに最適です。ある程度の作業計画は立てつつ、当日そのときの状況に応じて臨機応変に対応しなければならない作業は、OODAで大まかな作業の流れを決めておくとよいでしょう。

PDCA、PDS、OODAを組み合わせて反復作業の計画を立てることで、合理的でありながら柔軟性のある作業を実現できます。

図 5-8　OODA（ウーダ）

OODA

現場の状況を把握し、複数の選択肢からより適した方法を選んで実行する

➡日々の業務ルール（変化に即応する業務）

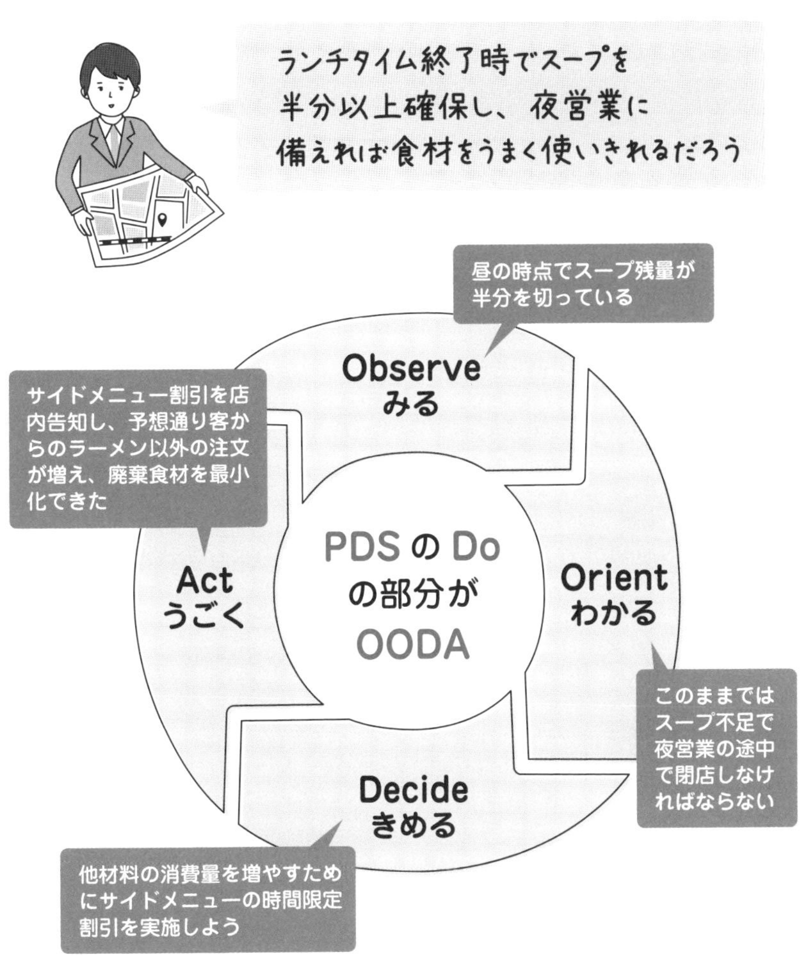

反復実行テーブル

3つの反復実行サイクルを1つにまとめた反復実行テーブルを使うと、それぞれの関係を可視化することができます。大きな計画が具体的に実行されるまでの要素分解される流れをシンプルに把握でき、これからやるべきことを整理するのに役立ちます（図5-9）。

それぞれの反復実行サイクルを縦に並べた空白の反復実行テーブルを用意し、あなたの置かれている状況を書き込んでいきましょう。

目安として、PDCAには年次計画レベル、PDSには週次計画レベル、OODAには日次計画レベルの内容を書き込んでみてください。

年次計画（PDCA）

Plan - 計画 ：目標設定、計画の立案、予算の確保、戦略の策定
Do - 実行 ：目標達成のための施策実施
Check - 評価 ：目標達成度の測定、問題点の特定
Act - 改善 ：年次計画の改善、次年度計画の立案

週次計画（PDS）

Plan - 計画 ：週間の目標設定、必要リソースの確保
Do - 実行 ：目標達成のためのToDo実施
See - 評価 ：目標達成度の測定、問題点の特定

日次計画（OODA）

Observe - みる ：日次予定の確認、スケジュール整理
Orient - わかる ：タスク整理、実行手順検討、優先順位決定
Decide - きめる ：タスク実行準備、進捗確認
Act - うごく ：タスク実行、成果確認、今後の予定の立案

図 5-9 反復実行テーブルの連携

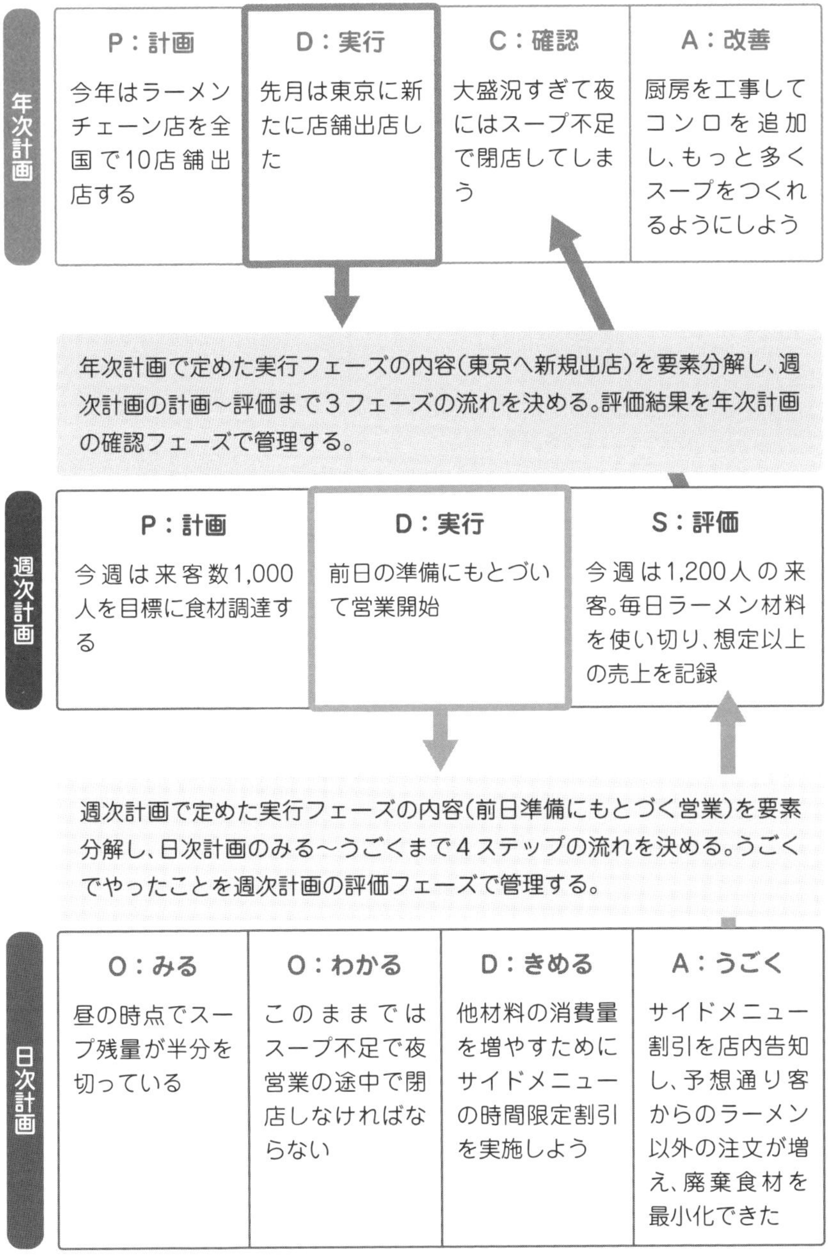

あとがき

すべてのページを書き終えて、改めて思ったことがあります。

「ロジカルシンキングは楽しい」

一見すると複雑に見える問題でも、情報を小分けにしていくことで、徐々に理解しやすい姿に変わっていきます。思いもしなかった結論を見つけることもあります。そうした発見をすると楽しくなります。

たとえば、フェルミ推定のケーススタディで扱った「名探偵コナンの住む町の人口」について。規模を推定するロジカルシンキング技術を使うと、漫画の中で曖昧に描かれていたことを現実社会と照らし合わせて比較することができます。このケーススタディをやる前は、こんなに面白い数字を発見できるとは思いませんでした。

問題分析マンダラートのケーススタディで扱った「マンガの失敗／成功」では、新作マンガへのスタンスの違いが大きく結果を左右することになりました。何を考えてそれぞれの問題解決アプローチを選んだのか、可視化することで、そのとき当事者が置かれていた状況を大まかに理解できるようになり、情報を論理的に図解することが理解を促進する強力なツールになることに気づけました。

しかし、身になることだからといっても、単に勉強するだけではやる気が続きません。学んで楽しい、楽しいから学ぶ、という構造が成り立ってこそ、どんどん自発的に学ぶ姿勢を維持し続けることができるのです。その点、ロジカルシンキングはテーマ次第でいくらでも楽しめます。

この本の冒頭で、私は次の質問をあなたに投げかけました。

「ロジカルシンキングを知ってますか？」

すべてのページを読んだ今のあなたなら、いったいどんな答えが頭に浮かんでいるでしょう。

単に「知っている」という言葉だけでなく、アタマの中でいくつもの具体例が浮かんだのではないでしょうか。

MECE／ベン図、２軸思考、ロジックツリー／ピラミッドストラクチャー、フェルミ推定、問題分析フレームワーク、問題分析マンダラート、問題分析フロー、ECRS／SCAMPER、優先度マトリックス、ビジネスケース、ロードマップ、FABE／BEAF、SDS／PREP／DESC、PDCA／PDS／OODA etc.

これらの中の１つでも具体的に思い出すことができたら、あなたはすでにロジカルシンキングが分かり始めています。複数をイメージできるようになっているなら胸を張って良いです。

ぜひ今日から、見聞きする情報に対して、「どうやったら整理できるかな、問題解決はどういう流れになりそうかな」と考えてみてください。今までとは違う自分の中のアタマの動きを感じられるはずです。

改めて、この本があなたを成功に導く武器になりますように！

2023年5月
吉澤 準特

外資系コンサルから学ぶ
ロジカルシンキングと問題解決の実践講座

2023年6月20日　初版　第1刷発行

著　　　者　吉澤準特
発　行　人　柳澤淳一
編　集　人　久保田賢二
装　　　丁　金井久幸［TwoThree］
発　行　所　株式会社ソーテック社
〒102-0072　東京都千代田区飯田橋4-9-5　スギタビル4F
電話（注文専用）03-3262-5320　FAX 03-3262-5326
印　刷　所　大日本印刷株式会社

ISBN978-4-8007-2111-2